◇江苏省基础教育前瞻性教学改革实验项目
"洪宗礼中学语文教学整体改革思想推广"研究成果之一

品读洪宗礼

董旭午 著

上海教育出版社

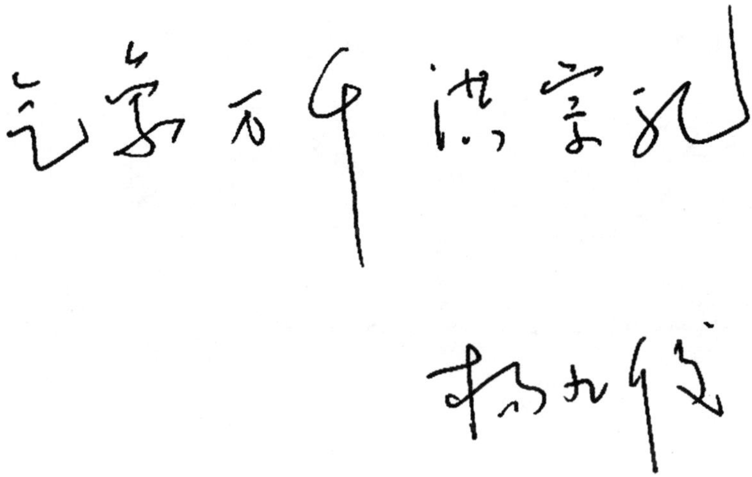

江苏省教育学会会长杨九俊先生题词

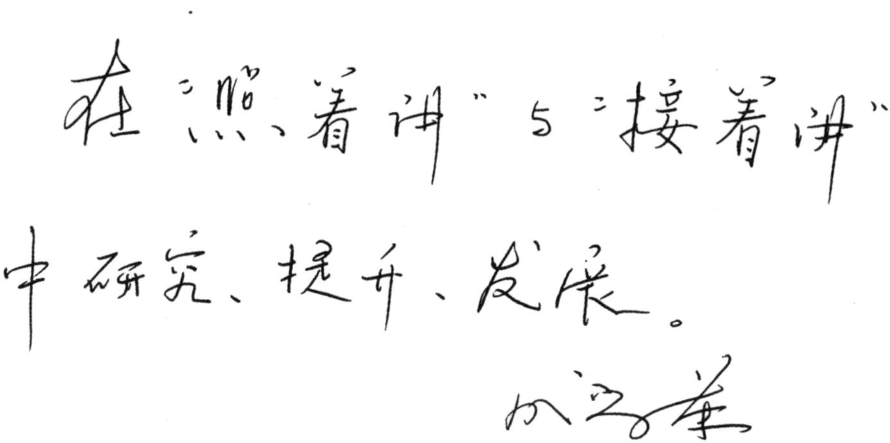

国家督学、江苏省教育科学研究所前所长成尚荣先生题词

Contents | 目录

序　一

学习和研究“洪氏语文”的一部力作

徐林祥

五年前，旭午老师曾请我给他的书写序，当时因实在太忙而推辞了，心里一直觉得像欠下一笔债似的。大约半年前，旭午老师又讲，他要出一本研究“洪氏语文”的书，嘱我无论多忙也要写个序给他。前两天他果真发来新著《品读洪宗礼》的电子稿。拜读了这本近二十万字的书稿，我由衷地佩服旭午老师学习研究“洪氏语文”的钻研精神，同时也让我回忆起与洪先生在一起的一幕幕往事。

我第一次见到洪先生是在 20 世纪 80 年代。大约是 1984 年冬，当时我在江苏省兴化中学任教。当时兴化中学的语文学科带头人、著名语文特级教师，我中学时的老师柳印生先生参与洪先生主编的《“单元合成型”九年制义务教育初中实验课本 · 语文》的编写工作，曾命我去泰州中学送交他写的一份稿子并代他参会。印象中洪先生平易近人，声如洪钟，但身体状况似乎不是太好，当时我亲见他服下几粒药片后才做报告的。

这么多年来，与洪先生当面接触的机会并不多，印象较深的还有以下几次。

2000年11月，洪先生和我都去兴化中学参加柳印生先生主持的江苏省教育科学“九五”规划课题“大面积提高议论文写作能力的研究”的结项工作。其间，洪先生赠送我一套他和柳士镇先生主编的“中外母语教材比较研究丛书”；我回赠了自己主编的《中学语文课堂教学技能训练》和《小学语文课堂教学技能训练》，请他指正。

2001年12月，我应欧阳汝颖博士的邀请赴香港大学访学并出席在香港城市大学召开的第四届中国语文课程教材教法国际研讨会。洪先生也出席这次会议并做了题为《构建面向21世纪中国语文教材科学体系的探索》的报告。洪先生与任范洪先生一道听了我做的题为《关于“语文”与“语文教育”的几个问题》的发言，并一起合影。

2002年8月，扬州大学承办江苏省基础教育新课程初中语文师资培训班，我请洪先生来扬州为学员做关于新课程的辅导报告。洪先生冒着大雨赶到会场，给老师们介绍了国标本苏教版初中语文教科书，并送给所有与会老师每人一本新出版的七年级上册《语文》。报告结束后，饭都没吃，洪先生又冒雨匆匆赶回泰州。

2008年4月，根据我大学时的老师、著名语文教育家顾黄初先生的提议，江苏省叶圣陶研究会和北京《中学语文教学》杂志社联合举办，扬州市教育局教研室承办的“实施新课程，重读叶圣陶——首届语文教学扬州高峰论坛”在江苏省扬州中学举行，由我主持大会。会上，大病初愈的洪先生动情地说了一番话：“到这里来讲话，实在是勉为其难的，但这次会议又是非来不可的。我刚才跟顾先生讲，你要我做的事情，我从来是呼之即来的，赴汤蹈火也要来的。更为重要的原因是这次会议是纪念叶圣陶先生的会议……我必须来的另一个原因，就是这次会议的主办单位是《中学语文教学》杂志社,大概是打倒'四人帮'之后几年,《中学语文教学》刚创刊,在头版头栏发了我好几篇文章,对我做特级教师是有力的支撑,所以《中学语文教学》杂志社主办的活动不来参加,也说不过去。"对此,我至今记忆犹新。

2008年10月,教育部基础教育课程教材发展中心、江苏省教育厅、泰州市人民政府、凤凰出版传媒集团联合在江苏省泰州中学召开"洪宗礼语文教育思想研讨会",我应邀出席会议,在会上做了题为《"民族意识"与"全球视野"的交融——洪宗礼的道路与语文教育的方向》的发言,并就发言内容与洪先生做了交流。会后,根据发言整理的文章先是在湖北《中学语文》杂志发表,后又收入袁振国教授主编的《这就是教育家——品读洪宗礼》一书。

2012年3月,在由江苏省中小学教学研究室和《教育研究与评论》编辑部共同主办,江苏省靖江中学承办的首届"苏派语文教育论坛"上,我与参会的老师们一起聆听了洪先生在会上做的题为《用爱心和智慧打造塑人的课堂——语文课堂教学的十种境界》的报告。洪先生的报告又一次给所有与会者以启迪。

2017年2月,因我的研究生邵红艳撰写题为《苏教版初中语文教科书编写史研究》的硕士论文,我带着几个研究生去泰州采访洪先生。洪先生不顾劳累,和我们交谈了两个多小时,又带我们参观了江苏省中学语文教材编写组办公室。让我没想到的是这个办公室极其简陋,竟然是由20世纪90年代初期修建的居民楼内的两套民居直接改造的,而苏教版初中语文教材就是在这里诞生并走向全国的。

2017年11月,我主持的扬州市第三期"领雁工程"暨省特级教师后备人才培养工程培训班举行"与大师对话"活动,特邀80高龄的洪先生给学员做报告。洪先生首先用一个精妙的比喻回答了"为什么我能走到今天"的问题——他把其语文人生比作一个圆,圆上的每个点既是起点，也是终点，而他永远走在起点上。接着，他结合一生的教学与研究，谈了对语文教育的四个感悟——学、思、行、爱。学，贵在不知足常乐，他强调真正的学习并不局限于书本，更不局限于学科，教育学、心理学、教材教法等都应该是一位合格的语文教师必须涉猎的。思，要求教师要有独立的人格，对层出不穷的语文教学新思潮做到冷静对待、理性分析。行，指知易而行难，知难更要克难。“拼(命)、挤(时间)、律(己)”是他赠予大家的三字箴言。最重要的是爱，爱学生，更要爱语文。当他说出“爱语文甚于爱生命”时，全场响起了经久不息的掌声。会后，洪先生私下跟我说，这是他2016年大病后第一次走出泰州。洪先生如此关心教师专业成长，支持教师培训工作，让我再次深受教育，也让我再次深深感动。

最近一次见到洪先生是2018年6月，我陪扬州大学文学院顾松明书记和陈军院长去泰州看望洪先生，向他汇报准备在纪念扬州大学实施中文本科教育60周年之际设立“洪宗礼班”一事。洪先生对扬州大学中文本科教育及语文教育学科取得的成绩给予了高度肯定，挥毫题写了“母校之光”四个大字，并为扬州大学中国语文教育研究所题写了所名。

我认为，洪先生是一个奇迹。这首先是因为洪先生几十年来战胜种种疾病的折磨还顽强地活着。特别是他68岁动手术的那一次，住院108天，输入体内的血液达9000多毫升，已是一个正常人血液总量的一倍，真的是创造了生命的奇迹！其次，也是更重要的，是洪先生在语文教学与研究方面所取得的丰硕成果，真的是普通中学语文教师难以企及的。在长期实验和研究的基础上，他提出了构建语文“教育链”的理论，总结出了工具说、导学说、学思同步说、渗透说、端点说“五说”教育观以及“双引”教学法。不仅如此，他还主编了经国家审定通过的三套推荐全国使用的初中语文教科书，在全国26个省（市、自治区）的600余县（市、区）使用，历经30多年，印行达1.4亿册；主持全国教育科学规划“九五”“十五”重点课题，主编国家重点图书10卷本《母语教材研究》；出版《写作与辩证思维》等专著20多部、文集6卷，创造了人生与事业的奇迹。

洪先生的奇迹，可能有许多的形成原因。比如，改革开放的社会背景、领导的支持、团队的合作，等等。但我猜想，洪先生对母语教育的挚爱应该是其中最重要的原因。洪先生从教50多年，在母语教学、研究母语教育的过程中，塑造了一代代学生，也成就了他自己。正如他所说，“我一生挚爱母语，亲近母语，探究母语，弘扬母语，钟情于母语教育”，“在母语中觉醒，在母语中感动，在母语中陶醉，在母语中成长发展，正是中华儿女坚定的教育信仰，也是人们对母语教育的价值追求”，“母语教育只有一个目的——塑人，塑造人的个性、品格、意志和灵魂，提升人的语言文化素养。正是在塑人的过程中，教师也塑造了自我”。也许可以说，对母语教育的挚爱，就是洪先生如此旺盛生命力和如此骄人业绩的精神支柱；对母语教育的挚爱，视母语教育如同生命，以至母语教育与生命合而为一，生命即为母语教育而存在，母语教育即为生命的存在方式，“洪宗礼”即“洪氏语文”，“洪氏语文”即“洪宗礼”，就是洪先生奇迹的内在动力。

据我所知，自《语文教学通讯》1986年第3期刊载王铁源的《教改难，路在哪儿？——访江苏省语文特级教师洪宗礼》一文以来，研究洪先生及其语文教育思想、研究洪先生主编的苏教版初中语文教材的文章，可以说是多得难以准确统计。仅以洪先生及其语文教育思想为研究对象的硕士学位论文就有扬州大学王昌雷的《洪宗礼教师专业发展研究》（2010）、华东师范大学罗国锋的《洪宗礼语文教育思想研究》（2010）、浙江师范大学程春玲的《在超越自我中前进——著名语文教育家洪宗礼专业成长研究》(2010)、西南大学张洪良的《洪宗礼语文教育思想研究》(2011)、北京师范大学刘宝金的《洪宗礼语文教学思想和方法探析》(2012)、山东师范大学宋瑶瑶的《洪宗礼语文教学智慧探析》(2013)、广西师范大学黄夏坚的《洪宗礼"双引"教学法研究》(2014)、扬州大学陈晨的《洪宗礼语文教育思想研究》(2016)等多篇,涉及苏教版初中语文教科书研究的硕士、博士学位论文已达数百篇之多。相关研究著作也有徐宗文与任范洪主编的《洪宗礼初中语文教材研究荟萃》(江苏教育出版社,1997)、潘纪平主编的《洪宗礼:语文教育之"链"》(湖北教育出版社,2001)、袁振国主编的《这就是教育家——品读洪宗礼》(教育科学出版社,2009)、东缨著的《从教师到教育家——洪宗礼评传》(教育科学出版社,2010)、教育部师范教育司组编的《洪宗礼与母语教育》(北京师范大学出版社,2011)、倪文锦与成尚荣主编的《洪氏语文》(高等教育出版社,2013)等多部。

2008年7月,旭午老师受聘到江苏省泰州中学任教。听他讲,当年他就是洪先生的一位"铁杆粉丝",竟从四川资阳"追星"追到了江苏泰州。此时,集洪先生50多年教育教学、教材编写、教育科研三大领域的实践经验与理论成果的六卷本《洪宗礼文集》(江苏教育出版社,2008)刚好出版。在洪先生身边工作,2012年又受聘为洪先生主持的江苏母语课程教材研究所副所长,可谓集齐天时、地利、人和,这都为旭午老师学习与研究洪先生及其语文教育思想带来了得天独厚的条件。旭午老师的新著《品读洪宗礼》,正是他近年来努力学习和研究"洪氏语文"的力作。

就内容而言,旭午老师的《品读洪宗礼》共分品读洪氏语文"教育链"、品读洪氏"五说"教育观、品读洪氏"双引"教学法、品读洪氏"三一"教材观、品读洪氏语文课堂教学、品读"洪氏语文"的归真引领价值、品读洪氏为师智慧与教育情怀七个板块。该书既涵盖了洪先生及其语文教育思想的方方面面，又有对“洪氏语文”微观的讨论、教例的点评等。特别是第五板块的10篇课例品析，我尤其看重。这与以往的专家评论和研究生论文不同，这是一位从教30余年的成熟语文教师对洪先生语文课堂教学艺术的品评与赏析。洪先生于二十世纪八九十年代执教的珍贵镜头，积淀着洪先生数十年教学的经验与思考，经过旭午老师融入现代教育理念的解读，愈发显现出智慧的光芒。洪宗礼之“链”、洪宗礼之“五说”、洪宗礼之“双引”，乃至洪宗礼之风采，在此化为课堂教学可模仿的范例、可操作的经典、可创新的起点。

就结构而言，旭午老师的《品读洪宗礼》这本书，散则独立成篇，篇旨明确，由一篇篇已发表的论文构成；合则互补成编，各不重复，可见他写作之初就有了通盘的考虑、周严的安排、精心的设计。

旭午老师这本书中有一篇论文的题目是《语文新课改不可绕越的一座路碑》。我认为，洪先生无疑是当代中国语文教育的一座路碑，相信旭午老师的新著对广大语文教师学习和弘扬洪先生的教艺、思想、精神和品格，获得职业认同、专业发展和素养提升，对语文教学的返本归真、朴实有效、健康发展都将起到积极的促进作用。

旭午老师嘱我为这部书写序，书中的道理，读者诸君自可阅读，毋庸赘言。我于是写下上面的话，也祝旭午老师在“洪氏语文”学习和研究方面取得更多的成果和更大的成就。

是为序。

2019年9月8日于扬州大学

（作者系文学博士，扬州大学文学院教授、博士生导师，扬州大学中国语文教育研究所所长）

序　二

新时代教育正呼唤着洪宗礼研究

董　健

洪宗礼，江苏省泰州中学原副校长，江苏省中学语文特级教师、江苏省有突出贡献的优秀专家，全国教育系统劳动模范、全国普教界首批享受国务院特殊津贴的专家，当代著名的语文教育家。

1960年洪先生就走上了中学语文教学讲坛，历任江苏省泰州中学教导主任、副校长，江苏省中语会副理事长，江苏省特级教师评审委员会副主任，全国中语会第三、四、五届理事，江苏省第七、八届人大代表，苏教版初中语文教材主编，国家基础教育课程教材专家工作委员会委员，全国中学语文教学研究会学术委员会副主任、顾问，江苏省"人民教育家培养工程"导师，江苏母语课程教材研究所所长，南京师范大学研究生导师、兼职教授，江苏省中小学荣誉教授等。

在长期实验和研究的基础上，洪先生提出构建语文"教育链"的理论，主张把"知识—引导—历练—能力—习惯—素养"编织成网状的科学系统，探索高效语文教学之路，总结出了"五说"教育观和“双引”教学法,并逐步形成了“洪氏语文教学”体系。他主编了经国家审定通过的三套推荐全国使用的一类语文教材,在全国26个省(市、自治区)的600余县(市、区)使用,历经30余年,印行1.4亿册。他主持了全国教育科学规划“九五”“十五”重点课题,与中外两百余位专家、教授通力合作,一方面研究一百多年来中国语文教材编写史,另一方面对中外母语教材进行比较,找出母语教育的共同规律。他主编了国家“十一五”规划出版的重点图书10卷本《母语教材研究》,内容涉及全球五大洲、40多个国家和地区的8大语系28个语种,曾前后3次整理出版,总字数约为830万字。他出版了《洪宗礼与母语教育》等专著24部,出版文集6卷,发表论文数百篇。

近六十年来,洪先生一直钟爱语文教育事业,始终如一地默默耕耘、潜心研究、忘我奋斗,以一个普普通通的中学语文教师的身份登临了中学语文教学、初中语文教材编著和中外母语教材比较研究这三座高峰。这不能不说是一个奇迹!也正因为如此,洪先生先后荣获了江苏省哲学社会科学优秀成果一等奖、中华优秀出版物奖、全国教育科学优秀成果一等奖、首届江苏省基础教育优秀教学成果特等奖、全国中语会成立30年终身成就奖等,并先后被授予“全国教育系统劳动模范”“新中国成立60年课堂教学的开拓者”“新中国成立60年江苏教育最有影响的人物”“《人民教育》60年来报道的最有影响人物”等荣誉称号。

这里,我还要特别说明的是,2008年、2013年,教育部、江苏省、泰州市教育行政部门先后联合举办了洪宗礼语文教育思想研讨会、“洪氏语文”30年暨洪宗礼语文教育思想研讨会,中外1000多位专家学者和教师与会。2009年、2010年,教育科学出版社先后出版了《这就是教育家——品读洪宗礼》和《从教师到教育家——洪宗礼评传》,全面系统地报道和评论了洪先生的业绩。

2013年,高等教育出版社出版了百万字的《洪氏语文》,标志着"洪氏语文"教学流派的形成。2014年9月,《中学语文教学整体改革的实践与研究》获首届国家级教学成果奖(基教类)一等奖,洪先生受到了党和国家领导人的接见。洪先生被中国教育学会名誉会长顾明远教授誉为"中国语文教育改革的一面旗帜"。

洪先生的语文教学整体改革思想成果影响遍及全国。据统计,有十多万教师在培训后以"五说"教育观、语文"教育链"思想为指导,改革语文教学,提高了语文教学效率;有两万多教师弘扬并践行了"双引"教学法;互联网上关于"洪宗礼语文教育思想研究"的信息有数万条之多;由中国知网检索到、直接应用《洪宗礼文集》《母语教材研究》并在期刊正式发表的论文有600多篇;高校研究生研究"洪氏语文"整体语文改革思想的论文有700多篇。此外,洪先生还曾应邀参加香港大学等单位主办的"学会学习"国际研讨会,并连续多年作为主讲嘉宾为香港大学、南京大学联合举办的香港百名教师培训会做专题讲座;韩国、新加坡、日本、澳大利亚等国家以及我国港台地区也时有介绍和评论他的文章与信息发表、发布。

面对这些成就,洪先生总是强调,他只是想以自己在语文教育园地上的耕耘,让无价的母语教育在我们民族的伟大复兴中能够更有作为。他还始终认为,"洪氏语文"能走到今天,取得这样诱人的成绩,离不开与其长期合作的团队,离不开在他身边默默地协助他工作的江苏母语课程教材研究所的同仁们。

我认为,洪先生是全国数以千万计的中小学教师的杰出代表,也是我们泰州中学这所千年书院"安定教育文化"的卓越传承人和弘扬者,更是当今我们所有江苏省泰州中学人的自豪和骄傲!洪先生无愧于当代语文教育家的光荣称号,也无愧于"中国语文教育改革的一面旗帜"这一高度评价。他所登临的这三座高峰着实开启了教育科研的一条新路,也为后来人的教育教学实践研究奠定了坚实的基础。

谈到这里,我不禁想起了“新时期中国教育”“中国教育现代化”这两个概念。2019年2月,中共中央、国务院印发《中国教育现代化2035》,并发出通知,要求各地区各部门结合实际认真贯彻落实。该文件提出了推进教育现代化的“八个更加”基本理念:更加注重以德为先,更加注重全面发展,更加注重面向人人,更加注重终身学习,更加注重因材施教,更加注重知行合一,更加注重融合发展,更加注重共建共享。该文件还提出了推进教育现代化的总体目标:到2020年,全面实现“十三五”发展目标,教育总体实力和国际影响力显著增强,劳动年龄人口平均受教育年限明显增加,教育现代化取得重要进展,为全面建成小康社会作出重要贡献。在此基础上,再经过15年努力,到2035年,总体实现教育现代化,迈入教育强国行列,推动我国成为学习大国、人力资源强国和人才强国,为到21世纪中叶建成富强、民主、文明、和谐、美丽的社会主义现代化强国奠定坚实基础。2035年的主要发展目标是:建成服务全民终身学习的现代教育体系,普及有质量的学前教育,实现优质均衡的义务教育,全面普及高中阶段教育,职业教育服务能力显著提升,高等教育竞争力明显提升,残疾儿童少年享有适合的教育,形成全社会共同参与的教育治理新格局。

面对这推进教育现代化的基本理念和总体目标,我想得最多的则是教师的素质问题。我认为,要落实好这“八个更加”理念,要实现这总体目标,最关键的还是要切实地整体性提升广大人民教师的素质。为此,我又想到了洪先生。很多人都认为,洪宗礼现象是一种奇迹,言下之意,一个普普通通的中学语文教师是很难复制他的卓越成就的。我承认,这个看法确实有它的道理,但这绝不等于说在洪先生那里我们就什么都学不来了!实事求是地讲,洪先生的精神品格和思想境界就是很值得我们学习的,也是可以在实践中不断修炼和提升的。换句话讲,新时代教育正热切地呼唤着洪宗礼研究。

要研究,首先就必须得好好学一学。学什么呢?更多的恐怕就是该学一学他的精神品格和思想境界。那么,洪先生的精神品格和思想境界究竟是什么呢?我认为,可以用“真”“爱”“实”“高”四个字来概括。所谓“真”,就是做人真、为师真,一辈子真心实意,真诚纯粹,不夹带任何杂质地教书育人和做研究;所谓“爱”,就是爱学生、爱语文、爱党和人民的教育事业,痴诚地爱一辈子、守一辈子、奋斗一辈子;所谓“实”,就是做人平实、朴实,处世老实、厚实,工作和做学问扎实、踏实;所谓“高”,就是学养高、追求高、品格高、境界高。他的座右铭是“人生应有极限,事业不会封顶”。他耄耋之年仍追求“意志不老,知识不老,心态不老,思维不老;成功成仁,不成功也成仁”,仍希望“自己就做一盏壁灯,位置不动,永远发光”,仍自励“事业永驻,为自己钟爱的母语教育事业奋斗到生命尽头,才是我的幸福与快乐”。这就是洪先生的精神品格,也是他的思想境界。这是我们每一位做教师的人都该好好学一学的,也是可以学好的,更是可以践履的。新时代教育呼唤洪宗礼研究,呼唤的就是洪先生的这种精神品格和思想境界。这一点,从这本书中,我们是能够品读出一些味道并汲取到一些营养的。

实事求是地讲,在我校,学习和弘扬洪先生语文教学整体改革思想,提高教学效率,教文立人,全面提升语文素养,早已成了语文教师的共同心声。洪先生的教育思想、卓越成就和师德师风正深刻影响着我校的每一位教师。这当中,最为突出的代表就是董旭午老师。20 世纪 90 年代,他就开始学习洪宗礼,并在教学工作中践行洪先生的“五说观”和“双引论”,建构自己的“生活化语文教育场”。2010 年,旭午老师刚来泰州不到两年的光景,就自发地启动了洪宗礼语文教育思想专题研究，而今已 9 个年头了，目前已经公开发表研究论文及课例研究文章 50 多篇。他的这些研究成果涉及洪氏语文“教育链”、洪氏“五说”教育观、洪氏“双引”教学法、洪氏“三一”教材观、洪氏语文课堂教学、“洪氏语文”的归真引领价值、洪氏为师智慧与教育情怀等多个方面，有着较高的实践引领价值，也受到了一些专家的好评。

2016 年，我校承担了江苏省基础教育前瞻性教学改革实验项目“洪宗礼中学语文教学整体改革思想推广”。2016 年 11 月 18 日，该项目的启动仪式在我校新校区西报告厅隆重举行。当时，由校长、特级教师后备人才、市学科带头人、语文教研组长组成的各市(区)代表团以及该前瞻性教学改革实验项目的七所市内外实验学校负责人等近 300 人参加了这次活动。启动仪式上，江苏省教育厅基教处领导宣读了该项目的批文，国家督学、江苏省教育科学研究所原所长成尚荣先生做了题为《论洪宗礼整体改革思想的核心理念》的专家报告。该项目的启动标志着进一步提升学习和实践洪宗礼教育思想的品级，切实大力推广他的中学语文整体改革思想的大幕已正式拉开。现在，这个前瞻性教学改革实验项目已经结项，董旭午老师的这本《品读洪宗礼》自然也就成了其重要成果之一。为了展示该项目的研究成果，也为了褒奖旭午老师近年来的辛勤研究，我们决定正式出版这本书。

写到这里，我在想，我们都是为人师者，成千上万的家庭都把孩子交到了我们的手上。这就等于说，他们同时把家庭的希望和孩子的未来都交到了我们的手上，也可以说，国家和民族也同时把梦想和未来交到了我们手上！鉴于此，我们确实需要好好学习、实践、研究洪宗礼，需要更好地传承、弘扬他的精神品格和思想境界。也鉴于此，我认为，仰望着洪宗礼这座丰碑，我们仅仅选择赞叹奇迹还远远不够，更应该坚定不移地选择景仰、传承、弘扬和发展。所以，我要再一次郑重地重申：新时代教育正呼唤着洪宗礼研究！

现在，《品读洪宗礼》这本书即将付梓。但是，这一切绝不意味着洪宗礼教育思想实践研究已经进入完成时态。我真诚地希望，在未来更加深入的实践研究中，董旭午老师的这本专著能够充分发挥好它的范本作用。

是为序。

2019 年 9 月 26 日于泰州

（作者系江苏省泰州中学原校长、党委书记）

品读

洪氏语文“教育链”

洪氏语文“教育链”思想的实质

洪氏语文“教育链”是20世纪90年代初,洪宗礼在多年的“双引”(即“引读”和“引写”)教学实践基础上,以自己的“五说”教育观为理论背景而总结提炼出来的一种语文教育思想。其主要内涵是:把引导历练、能力发展、习惯养成、方法获得和思想文化素养提高构建成为一个纵横结合的科学体系。在这个体系中,知识和技能是基础,通过历练转化为能力;能力定型化,形成习惯,获得方法;在获得知识和能力的过程中渗透思想道德教育、文化教育、情感教育,达到知识技能与思维同步发展,实现过程和方法、情感态度与价值观的和谐统一。其目的就是为了从宏观与微观的结合上相对比较客观地反映语文教育的全貌及其内部规律,揭示语文各要素之间的逻辑联系及其体系建构的基本原理,达成全面提高学生语文素养的目标,真正实现教文立人的教育理想。

那么,洪宗礼语文“教育链”思想的实质究竟是什么呢?下面,我们不妨从五个方面来进行考察和阐述:

一、对传统语文教学精髓的弘扬与发展

传统语文教学的精髓一般可概括为以下几点:一是采用文道统一、文以载道的方式进行教学,让学生在学习语言的同时,能学习一些为人处世的基本道理、天文地理的基本知识。二是教师主导地位与启发学生主体作用相结合。三是注重循序渐进,强调熟读、精思、博览、多作是个循序渐进的过程。四是勤读熟读,博学精思,从语言形式的感知入手,逐渐深入作者丰富的情感世界。“熟读”是一种读书要达到的熟练程度,“精思”则是更深一步加工、不断领悟的过程,是伴随着“熟读”的过程反复进行的;“熟读”伴随着“精思”,不断地反复,不断地深化,要“自博而约,自易而难,自近而远”。五是多做多改。传统语文教学强调只有通过多次反复的训练才能形成能力,才能更好地掌握文章的写作技巧;只有学生自己多修改,才可以使他们根据文章的症结所在进一步体会和掌握文章写作的规律。六是提倡仿效。传统语文教学主张从阅读与背诵入手,从培养学生的语感入手,摸索和掌握语文的技能技巧,这是十分符合由读到写、读写结合的认识规律和训练规律的。七是重视教师的模范作用。

综观洪宗礼的“双引”教学法和“五说”教育观,我们不难发现洪宗礼对传统语文教育思想中这些精髓传承和弘扬的痕迹。他始终强调文道要统一,工具性和人文性要统一;教师要有较高的语文和人文素养,要善于启发诱导、因材施教,注重学习方法和规律的指导;学生要熟读多思、精思,做到学思结合、知行统一;语文教学要高度重视读写结合训练,要注重循序渐进,要使前面的学习成为后面发展和提升的端点。可见,洪宗礼的语文“教育链”思想很好地弘扬和发展了传统语文教育思想的精髓。

二、对"三老"语文教育思想的传承与弘扬

"三老",即叶圣陶、吕叔湘和张志公。叶圣陶语文教育思想的核心可概括为"教材是个例子"和"教是为了达到不需要教"两点。洪宗礼语文"教育链"背景下的"双引"教学法和教材观无不体现了叶老的"例子说",强调要依照课文这个"例子"来教给学生读写之法,教材要成为学生学会和会学语文的范例,要文质兼美、明确目标,有益于教师教有所得,还要有益于学生广泛阅读、迁移提高。

吕叔湘先生始终强调,从义务教育、公民教育的角度来看,应该多考虑学生有什么话要说,能说清楚就好。我们天天讲语文教学,实际上我们教的和学的都仅仅是"文",并不包括"语",我们的语文教学是"半身不遂"的。口语训练也是不容忽视的一个环节。抓住口语这个环节,让学生受到应有的训练,说起话来有条有理,有头有尾,不重复、不脱节、不颠倒,句式有变化,字眼有讲究。语文课的目的是培养学生的语文能力,但并不能因此就认为不需要讲语文知识,能力和知识是分不开的。语文知识除了帮助提高写作能力之外,还有利于训练学生的思维能力,让学生理解祖国的语言,进而通过理解产生对祖国的一种热爱。语文课无论是知识或是能力都不是照一条直线前进的,而是螺旋式上升的,是要像绕线圈似地绕上去。洪宗礼的"五说"及其语文"教育链"背景下的洪氏初中语文教材,可谓高度重视学生口语交际训练,教材中每个单元均设有序列化的口语训练专题,尤其是突出整体、综合性循序提升,使学生的语文能力和素养能够"绕线圈似地绕上去"。

张志公先生一向强调,要坚守语文的工具性。他认为,语文这个工具,不同于一般的工具,一般工具与它的工作对象是分开来的,而语文这个工具与被反映的内容是长在一起的,是人文性内容的载体,与其密不可分。讲"工具性",并不是否定"人文性",离开

了内容的“人文性”,“工具性”也就架空了,工具也就掌握不了了。“工具性”和“人文性”的统一是语文教学的一条具有普遍性的规律。工具性与人文性(即文与道)合则双美,离则两伤。这一点也是洪宗礼一贯坚持的,并借此最早提出了“一张皮”理论,认为“工具性”和“人文性”是一张皮,就像一枚硬币的两面。张志公先生还一直十分重视文学教育,并且提出了一系列的方法与原则。特别是在他晚年主编的初中《语文》中,创造性地提出语言教育和文学教育“双线推进”的模式,为解决长期以来语言教育与文学教育的矛盾问题作出了有益的贡献。洪氏初中语文教材就很好地体现了张志公先生的文学教育思想,并且强调要在教语文的前提下和过程中渗透文学教育,很好地解决了语言教育与文学教育的矛盾。张志公先生还反复强调,唯物辩证法是语文教育研究的根本方法,坚持这一思想方法,是语文教育研究的根本出路之所在,并且结合语文教育研究的实践,创造性地提出了“历史原则”“科学原则”“三实原则”这三条重要的方法论原则。在洪宗礼那里,“辩证法”更是他语文“教育链”思想的灵魂。如,“文”与“道”的辩证统一、语言和文化的辩证统一、模糊性与科学性的辩证统一、教本与学本的辩证统一、教师“导”与学生“学”的辩证统一、语言训练与思维训练的辩证统一、“有限”与“无限”的辩证统一,等等。唯其辩证,才做到了文与道、教与学、学与思、标与本、知与行、教文与立人的辩证统一。

可见,洪宗礼的语文“教育链”思想又是对“三老”语文教育思想的传承与弘扬。

三、对语文及语文学科教学本质规律的归真坚守

由洪宗礼的“五说”教育观,我们至少可以解读出如下一些要点:

第一,工具性与思想性是辩证统一的。语言是表达思想的工具,语言文字是“表”,思想内容是“里”。两者始终存在于一个不可分割的统一体之中。思想必须也只有借助语言文字才能表达,语言文字离开了思想也便成了空壳,因而语文课既具有工具性又具有思想性是应有之义,而工具性与思想性的统一则如一块硬币的两面,工具性与思想性是对立的统一,它们始终附在“一张皮”上。语文教材是以一篇篇范文为主体的,语文训练是以范文为凭借的。这些范文不是一系列毫无联系的文字符号,而是通过语言文字表达出来的极为丰富的思想文化。因此,学生在语文课上就不仅仅是学习语言文字本身,而且同时接受思想教育、精神陶冶,提高文学素养,丰富社会和自然方面的知识。这就是所谓文与道的统一,语文训练与思想教育的统一,工具性与思想性(或人文性)的统一。

第二,确认语文的基础工具性质,是语文教学的基点,也是语文教学改革的根本点和出发点。只有确立了这一点,才能客观地认识语文教学的性质、功能、目标和任务。不管语文教学的内容如何纷繁复杂,作为语言文字,它毕竟是基本工具。为此,教师必须认识到语文教学的本务,努力帮助学生提高理解和运用汉语语言文字的能力,逐步养成良好的运用语文的习惯,掌握终身受用的语文工具,为将来从事工作和继续学习奠定良好的基础。与此同时,在语文教学中,教师还必须在传授语文知识和语文训练的过程中因文解道,因文悟道,自觉地进行思想道德教育、人文教育、自然与社会方面的知识教育,从而提高学生的思想道德素质和人文素养,丰富学生社会自然常识。但是思想教育、文学教育、知识教育,只能在语文训练的过程中顺理成章地进行,不能把语文课上成政治课,也不能把语文课上成文学课、社会自然常识课。

第三,语文学科有很强的实践性和应用性,学生学习和掌握语文工具必须通过自己的历练。由于所有工具只有在使用中才能掌握，这就决定了只有经过不同语境的反复的技能训练，语言运用才能达到熟练、牢固乃至巧妙的程度，才能转化成语言习惯，成为语言直觉。因此，语文教学不应当只满足于语言的认知、语言的理解、语言的积累，还必须重视语言的运用，也就是要强化语文训练，且以训练为中介，促进知识向能力、素养转化，实现知与行的统一。

此外，语言承载人类文化，其本身也是一种文化，因此还必须重视语文学科拥有的文化价值，并注重在语文学科教学的过程中发掘这一文化价值，以不断提升学生的文化素养。

上述几点，不仅构成了洪宗礼语文“教育链”思想的理论支柱、“五说”教育观的重要内容，更体现在洪宗礼“双引”教学实践和教材编写理念中。因此，笔者认为，洪氏语文“教育链”不仅揭示了语文和语文学科教学的本质规律，更是对这一本质规律的归真坚守。

四、对“双主”的坚定捍卫

洪宗礼“五说”之中的“导学说”反复强调，学生应当是学习的主人，是语文学习活动的主体；教师不能过于生硬地控制学生学习活动的过程，不能使他们丧失主动性和独立性。但是他始终认为，教师必须“明确‘导’的方向，讲究‘导’的质量，提高‘导’的艺术，注重‘导’的效果”，以便使自己的“导”更能充分、到位地服务于学生的“学”，使其能够有效地完成学习任务。不仅如此，还要在学生学习上逐渐自立的同时，使他们的学力、能力、智力都能得到同步发展，从而在个性上、意志上、人格上逐渐成为独立自主的人。如果离开了教师合理的“导”，学生的主动就会成为盲动，结果反而会导致教与学的无序和低效。说到底，要想处理好语文教学过程中“教与学”这对矛盾，确保语文教学的本真、合理、有序、健康和有实效，就必须首先把学生的体验感受、思考感悟、合作探究、思辨讨论等都置于教师科学、睿智的“导引”之下。具体来讲，就是要变“填鸭式”为“诱导式”,变单向灌输为双向交流,通过教师的启发、点拨、引导、暗示,不断启动学生的学习动因,开发学生的学习潜能,提高学生学习的效能,真正把教师的主导性落实到调动学生的学习主动性、积极性和有效性上。

如果把语文教学看作整体,那么在“教”与“学”这对矛盾中,两者应该都是主体。当然,教师应始终是“导”的主体,是为学生的“学”服务的,降低教师的主导作用无助于学生有效地完成学习任务。学生则应该始终是语文学习活动的主体,学生的“学”是他们从不知到知,从少知到多知,从浅知到深知,从认知到理解、运用等种种转化的依据。如果教师的“导”成了生硬的牵引甚或控制,就会使学生这个主体丧失主动性和独立性,在学习中呈消极应付状态;如果学生的“学”成了自主架空或远离文本地跟着感觉走,这不仅是教师主导地位的不作为,同样也会使学生丧失其学习和探究的正能量,也就根本谈不上其主体作用的有效发挥了。所以,我们必须努力使“导”与“学”双边在语文教学过程中达到辩证、和谐、完美的统一。

可见,语文教学过程的实质就是师生双方交往的过程,因而必须在教与学的过程中形成双主体合力,努力实现课本、教师、学生三者完美、和谐的结合,做到和谐共生。洪氏语文“教育链”就是对“双主”的坚定捍卫。

五、对国际母语教育本质规律的科学认知

洪氏语文“教育链”是对国际母语教育本质规律的科学认知。笔者之所以作出这一论断,依据主要有以下几点:

一者,各国母语课程标准或教学大纲,无一例外都明确指出各自母语教育的课程目标。如,(美国)逐渐培养理性思考能力、清楚地表达思想的能力以及理解性地阅读和听的能力,成为高尚的家

庭成员和民主社会的公民;(英国)通过学习英语,培养学生听说读写等能力,使学生能创造性、有想象力地表情达意,并能有效地与人交往,奠定世界观和道德观的认识和规范;(法国)听懂口语并有效地使用口语,理解并自如地正确地掌握书面语,让每个学生形成自己的个性,成为有觉悟的自主的和负责任的公民;(德国)传授知识,培养语文能力、人格能力、社会能力和方法能力,帮助学习者认识世界、管理世界和改进世界,影响受教育者的人格塑造;(芬兰)在扎扎实实传授语文基础知识的同时,积极引导学生通过“历练”形成一定的应用能力;(俄国)使学生获得俄语的基本知识,形成利用口语、书面语的技能以及发展智力,同时培养学生热爱祖国语言的感情;(日本)培养学生的国语基础知识和基本能力,发展个性,塑造顺应国内国际环境的公民;(印度)使学生具备掌握语言的基本技能和在生活中灵活运用语言的能力。

二者,世界各国母语教材的编辑思想或编写原则大致包括以下共同点:知识和能力相结合,母语学习与实际生活相结合,语言学习和思维训练相结合,语文学习和道德教育相结合,独立学习和合作学习相兼顾,重视创造能力培养和个性化教育,语言的学习寓于有意义的情境之中,根据学生的年龄和心理特点设计教材,注重语文知识尤其是程序性知识的编排与设计,等等。这些也正是当代汉语文教材编辑和编写所应遵循的思想或原则。无论是语言教材还是文学教材,都重视语言实践环节方面的设计。

三者,世界各国母语课程教材建设存有不少共识:(1)语文在基础教育的所有课程中居于核心地位;(2)加强母语选修课程设置,正确处理基础性和选择性的关系;(3)密切课程教材与学生实际生活的联系;(4)重视语文学习中的思维训练;(5)在母语教育中渗透价值观念和道德规范的教育;(6)母语课程教材普遍重视文学教育;(7)在言语实践中掌握语言运用的基本规律,提高语言运用能力;(8)加强多元文化学习;(9)关注母语教材编写队伍的资质。

四者,改革中的各国语文教学大纲都十分重视适应国家社会、经济和文化发展的需要。在漫长的教育实践中,各国的语文教学大纲从制订到规范化,从简单的指导计划到体系完整的全阶段的教学大纲或课程标准,经历了不断的演变和改革,以适应新的教育环境和社会经济发展对受教育者的要求。这种演变和改革主要体现在对受教育者的素质要求、大纲内容的更新和培养方式的变化上。在受教育者的素质方面,现行各国大纲都主张培养有文化素养、有创新能力、有健全人格的合格公民。

五者,每个国家或民族的母语教材都毫无例外地以自己国家或民族历史上的文化经典为主,并注意吸收其他一些国家和民族不同时期的文化精华作为语文教材的核心内容,旨在提高学生的文化素养。

六者,改革中的各国语文教材也都十分重视教材的选文、习题以及检测与评价。

回顾洪宗礼语文"教育链"思想的有关论述以及洪氏语文教材的编写实践,无不充分体现了以上六点。可见,洪氏语文"教育链"也是对国际母语教育本质规律的科学认知,有益于我国的母语教育向世界打开窗口。

历练与渗透:语文教学最关键的两根链条

为了更为清晰、准确地把握住洪氏语文“教育链”,我们不妨先看其建构图示:

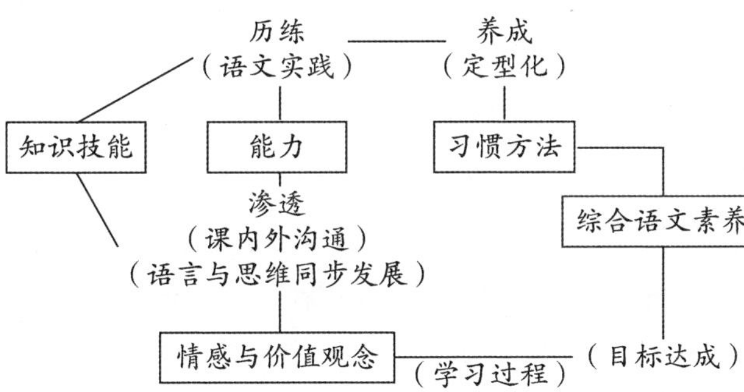

从结构图可以看出,语文“教育链”包括了三个维度:一是内容维度,即知识技能、能力、习惯方法、情感与价值观念;二是过程维度,即历练、养成、渗透;三是关系维度,即语文实践、定型化、语言与思维同步发展。三者构成语文“教育链”的系统。这样的构成,覆盖了认知、动作和情感三个领域。品读至此，最引笔者瞩目的是过程这个动态维度的两根链条——历练和渗透。笔者认为，这“历练”和“渗透”应该是整个语文教学过程中最关键的两根链条。理由如下：

一、没有“历练”就谈不上真正的语文教学

从上面的建构图不难看出，“历练”这根链条事关学生方法的认知与掌握、能力的形成与提高、习惯的养成与定型。所以，我们也就不难推断，只有有度、有序、有恒地不断进行训练，学生才有可能真正掌握科学的学习方法，提高语文能力，养成良好习惯，最终成为一个会自主学习语文的人。关于这一点，洪宗礼是这样阐述的：

首先，语文是交际的工具、“载道”的工具，是学习、思维和研究的工具，是从事各项工作的工具，是储存和传播信息的工具，是人类认识社会与自然的工具。它是基础的基础，是工具的工具，只要人类需要生存和发展就不能离开语文这个工具。又由于所有工具只有在使用中才能掌握，所以掌握语文工具并臻于熟练也不例外。同时语文与其他学科的区别也就在于，学习其他学科，语言只是一种媒介，只有语文学科的学习才需要研究语言本身，即不仅要理解它表达了什么，还要研究它是怎样表达的，以及为什么要这样表达。所以，学生学习和掌握语文这个工具必须通过“历练”。换句话说，重视语言训练是语文学习的必由之路，任何脱离或忽略语言工具特点的语文课都算不上真正意义上的语文课。只有经过不同语境的反复的技能训练，语言运用才能达到熟练、牢固乃至巧妙的程度，才能转化成语言习惯和能力，成为语言直觉。同时我们还要以训练为中介，促进知识向能力、素养转化，实现知与行的统一。

其次，在全球化时代和现代社会背景下，语文教育有了新的发展。语文基础知识、语文基本技能的核心内容更加丰富了，比如语文知识，包括了静态的知识和动态的知识，其范畴扩大了，内容涵盖陈述性知识、程序性知识和策略性知识；语文技能除了传统的读、写、听、说外，还应当包括思维能力、视听能力、展示能力、创造能力等。不过，它的基本核心内容及功能仍然未变，始终是语文教育的基础。而要获得这些知识和技能，毋庸讳言，必须经过严格而科学的训练，但这种训练并不是既往的纯知识纯技能的机械操练，还必须得与生活、语境、情境紧密结合，重在综合、应用和探究，重在发展思考力和创造力，重在融入语文教学的全程和各个环节，夯得扎扎实实，而且还要“站”起来，“活”起来，走向开放，走向生活，走向未来。

二、没有“渗透”就不存在真正的语文教育

从上面的建构图我们也不难看出，学生的语文学习和历练、能力形成和提高、习惯养成和定型绝不是孤立、静态的，而是时刻渗透着思维训练、课外生活、情感与价值观念的一个动态发展和提升的过程。唯其如此，语文教学才有可能在不断提高学生语文能力和素养的同时也逐渐提高学生的综合素养、人文素养等，最终实现教文立人的教育理想，才称得上真正完整的语文教育。这一点，洪宗礼在“五说”中也有所阐述，概要如下：

其一，语文作为多因素的综合体，在它的内部各因素之间存在着互相依存、互相制约的关系。读、写、听、说之间，语言形式与思想内容之间，智力因素与非智力因素之间都密切相关，互相渗透。各因素的组合、渗透而形成的合力应大于各分解因素之和。语文内部的这种渗透性，决定着语文教学质的规定性和效度。语文教学的一个重要任务，就是要最大限度地协调各因素之间的关系，努

力实现优化的整合，使知识结构与能力训练、知识教育与语文教育、智力发展与习惯培养等多元结合，互相渗透，充分发挥其整体综合的教学效应。

其二，语文作为基础学科，它与平行学科互相沟通，能够使学生在其他学科的学习过程中，时时处处可以学习语文、感受语文、运用语文。作为语文课本主体的课文，其内容涉及政治、历史、地理、物理、化学、生物、音乐、体育、美术等各门学科，而各门学科知识又必须运用科学、准确的语言文字来表述。因此，语文教学还要注重以课堂为轴心，与其他学科沟通、联系、渗透，以从更高层次上体现语文的工具性。一方面要经常引导学生通过语文训练，掌握学习其他学科的钥匙；另一方面要引导学生在学习数、理、化、史、地、生等学科的过程中，把这些教材也作为训练语文能力的“例子”。在语文与其他学科的联系、渗透的过程中要力求相互为用，相互促进，相辅相成，更好地实现本学科的主要教学目标，促进学生的全面发展。

其三，语文作为综合性工具学科，它与社会生活有着广泛而密切的联系。所谓语文的外延等于生活的外延，就是说语文与社会生活这个“大语文”环境息息相关，相互渗透，涉及政治、哲学、文学、艺术、自然等各个领域的各个方面。因此，语文教学固然应以课堂为主要场所，但它又必须置于社会生活的宏观范围之中，以通过多种形式的课外语文活动来巩固、加深、扩大、活用课内所学的语文知识，自觉地把课内学习适当延伸到课外，与生活相融。同时，在时间安排上还要考虑到与学生社会活动、平行学科教学的协调、平衡，在不增加学生过重课业负担的前提下，在国家教学计划规定的课时内，提高课堂教学的容量、密度、效度，从而既提高学生的语文能力和素养，又拓宽学生的知识视野，促进学生全面发展。这样一来，语文教与学就会超越传统的时空观，真正实现整体化、科学化、最优化。

其四，教师在教学中还要注重在语言训练之中渗透思维训练，将两者有机地融合起来，进行科学有序的训练。在语文教学中，学生的听、说、读、写能力的发展，无不有赖于想。想，还涉及人们的立场、观点和方法。听、说、读、写与想始终是同步进行的。所以，教师要在语言训练的过程中有机地渗透思维训练，最大限度地调动学生思维的积极性，有目的、有层次地引导学生在语文训练的过程中积极地想、正确地想、合理地想、严密地想，从而促进学生语言与思维同步发展，既提高学生语文能力，养成运用语文的习惯，又形成学生良好的思维品质和心理素质，发展学生的智力。

其五，学生在语文课上不仅仅是学习语言文字本身，同时还要接受思想教育、精神陶冶，提高文学素养，丰富社会和自然方面的知识。因此，在语文教学中，教师还必须在传授语文知识和语文训练的过程中因文解道，因文悟道，自觉渗透思想道德教育、人文教育、自然与社会方面的知识教育。这个渗透过程是有目的的、高度自觉的、有机相融且持之以恒的（而不是外加给学生的），其宗旨就是要培养他们健康的审美情趣和正确的人生观、价值观、文化观等，培育和提升他们的自主精神、健全人格和人文素养。

可见，在语文教与学过程中，语文自身各要素之间，语文与其他学科之间，语文与生活之间，语言训练和思维训练之间，语文同思想道德教育、人文教育、自然与社会方面的知识教育等之间，无处不存在着“渗透”。唯有“渗透”，才使得语文教学上升到了综合发展学生的层面，才成了完整的语文教育，这应该是一种必然选择，也是由语文学科的性质和特点所决定的。

综上所述，我们不难发现，“历练”和“渗透”绝对应该是洪氏语文“教育链”上最关键的两根链条，也同样是语文教与学活动最关键的两根链条。甚至还可以这样讲，没有这两根链条就没有洪氏语文“教育链”，也就不存在真正意义上的语文教学和语文教育。

笔者认为，在当前深化语文新课改的大背景下，在洪宗礼语文“教育链”思想的启发下，我们确实应该自觉地形成这样的共识，即要想使语文教学返璞归真、务实有效，要想真正实现教文立人的语文教育理想，就必须高度重视“历练”和“渗透”，尽心尽力地打造好这两根链条。因为，这确实是关涉语文教学能否归真返本、务实有效，语文新课改能否健康推进、充满希望的大问题。

品读

洪氏“五说”教育观

语文新课改不可绕越的一座路碑

“五说”教育观是洪宗礼语文“教育链”的重要理论支柱，是基于语文学科的性质、特征、作用和教学的复杂关系梳理、构建起来的较为全面、系统的学科教学体系，具体包括“工具说”“导学说”“学思同步说”“渗透说”“端点说”。用洪宗礼自己的话讲，“工具说，突出语文教学的个性，谋求文与道的统一，旨在取得‘双基效应’；导学说，阐述教与学的关系，体现教学过程中的认知规律，旨在取得‘双边效应’；学思同步说，探求传授语文知识与发展智力的关系，注重智力发展，旨在取得‘发展效应’；渗透说，论述语文与生活、平行学科的联系，探求课内外的关系，旨在突破旧语文教学的封闭体系，实现‘开放效应’；端点说，注重分析标与本的关系，把当今语文学习作为学生未来学习、运用语文的一个起点，把语文学习作为一个长过程，强调语文教学的‘长期效应’”。深入学习洪宗礼的“五说”教育观，再反观新课改背景下的语文教学，笔者深刻地认识到，“五说”教育观不仅很好地继承和发扬了传统语文教学的精髓，构筑了洪宗礼语文教育思想标志性的丰碑，更对新课程背景下语文新课改有着十分重要的导向性价值，是中国“语文人”的共同财富，更是语文新课改不可绕越的一座路碑。

一、语文新课改必须坚持以培养学生的语言能力为本务

当前，关于“工具性”“人文性”的争论仍未平息，关于语文教学的本务问题也远未达成共识。“泛人文教育”的弊病虽已引起一些有识之士的警惕和批评，但这股思潮仍很强劲。那种任由学生远离或架空课文，漫无边际地讨论、探究的课堂仍随处可见，一些示范课、观摩课、竞赛课则表现得更突出。一篇好好的讲读课文，教师常常不去引导学生认真、深入地阅读课文，深入体验、感受课文的思想情感，进而深入地品味、揣摩、感悟语言是怎样入情入理地表现内容、思想和情感，却往往是远离或架空课文内容和语言，随意地拎出几个问题让学生去讨论来探究去。笔者认为，类似的课堂教读，对语文课本务的完成是很有害的，长此下去，对学生语文能力与素养的发育和提升也非常不利。

实际上，“语言”和“人文”是一体的，学生在深入品读、体验、感受课文内容、情感和精神时，也在关注、品味、揣摩、感悟着课文语言的表现力；反之，学生品味、揣摩、感悟语言时，也必须深入课文的内容、情感和精神中去。试想，当学生用心、动情地诵读杜甫那短促有力的诗句时，不也正是在深深体味着诗人杜甫的怨愤与同情吗？体验、感受、品味不深入就不可能诵读到位，相反，诵读不到位也意味着体验、感受、品味的不深入。可见，好的语言，就意味着用好的表达形式来恰到好处地凸显思想、情感、观点和精神，而好的思想、情感、观点和精神，也必须得有好的语言形式来表现和凸显。换句话讲，好的“语言”就是好的“人文”，两者天生就统一在一起，是“一张皮”。常言道，“良言一句三冬暖，恶语伤人六月寒”，说

的也是这个道理。因此,从现在开始,我们必须高度自觉地统一认识,形成这样的共识:教读课文时必须先从课文的思想内容深度切入,引领学生深入品读、体验、感受课文的内容、情感、精神,同时也在深入地揣摩、感悟语言艺术的魅力,是在两极用力做一件事。不要总是在"人文"一极兜圈圈,那样做只会背离语文教学的本务,浪费学生有限的学好母语的大好时光。同时,由于对语言的深入品味、体验和感受的严重不足,也不会在"人文"方面有真切、深刻的收益,很可能会贻误学生一辈子。

洪宗礼是坚定地主张把语言能力的训练和培养作为语文教学的本务的,这就牢牢地抓住了语文教学的实质。但洪宗礼并不否认"人文性"(洪宗礼称之为"思想性"),他认为,"语文课的思想教育必须充分体现语文工具性的特点,必须立足于文,因文悟道,以文透道,传道不离文,讲文不离道,把'道'始终贯穿和渗透在读写训练过程中"。笔者认为,洪宗礼那里所强调的"道",就该指我们今天常讲的"人文性"之类,所说的"文",就是文本的语言内容。在洪宗礼那里,非但不否认"人文性",反而很重视。他只是反复告诫我们,必须首先把语文课上成语文课,必须在上语文课的过程中自觉地、巧妙地、润物无痕地进行人文性方面的教育。诚然,洪宗礼也从不回避语文教育的时代性、社会性、民族性和政治性等,他认为任何教育都要为本时代、本国家、本民族和本阶级的政治服务,都要打上时代、社会、民族和政治的烙印。因此,语文教学也必须进行符合本时代、本国家、本民族和本阶级所倡导的主流价值观方面的"人文"教育。教师必须充分认识到位,并且还要高度自觉地担当起渗透这个"道"的使命,只是我们绝不能把语文课上成直接灌输、传播或探究"人文性"的纯"人文教育"课,而必须在传授语文知识和进行语文训练的过程中进行。

目前,去"工具说"的"泛人文教育"之所以很难为语文教学的健康发展找到出路，之所以越来越多地遭到怀疑、诟病、拒绝和反思，其根本原因就在于它扭曲和异化了语文教学，为“人文性”而“人文性”，把语文课上成了直接灌输、传播或探究“人文性”的纯“人文教育”课，与思想道德课没有多大差别，从根本上抛弃了语文教学的本务。其实，无论是在叶圣陶、吕叔湘、张志公那里，还是在洪宗礼那里，他们都从来没有否定过语文课的思想、文学教育等功能，只是他们始终在强调，语文教学就是中小学语文教学活动，必须把培养和提高学生的语文能力和素养作为基本任务。他们也都在告诫我们，纯“人文教育”的语文教学不是真语文教学，也是没有出路的。这一点，似乎应该引起新课程改革背景下的专家学者和广大一线语文教师的高度关注和深刻反思，并且在制定新课标、编写教科书、进行语文教学等具体实践中坚定不移地加以传承和弘扬，否则，语文教学一旦丧失了其科学的性质、功能、目标和任务，一切也就无从谈起了。

二、语文新课改必须坚持教师在教学过程中的主导地位

新课标指出，“教师既是与学生平等的对话者之一，又是课堂阅读活动的组织者、学生阅读的促进者”，教师要“尊重学生个人的见解，应鼓励学生批判质疑，发表不同意见。教师的点拨是必要的，但不能以自己的分析讲解代替学生的独立阅读”。从教文立人的课程价值高度来看，课标的这种理念无疑是正确的，是很符合时代发展、社会进步、民族复兴对人才需求的大趋势的。关键是在“以学生为中心的‘建构式’教学”实践中，教师究竟该充当什么样的角色，具体又该怎样从实际出发，因学生而异、灵活高效地落实好新课标的精神。

在落实新课标的过程中，一些教师对传统语文教学不满，就急走偏锋，主张实施非指示性语文教学。这种非指示性语文教学呈

献给我们的课堂形态是：学生完全“独立”地与课文及作者进行对话，教师不要拟设什么“学习目标”，也不要预设课堂问题，以避免牵制、干预、阻碍学生的自主学习和探究；课文学习中的问题，完全由学生自己去发现，去提出，去探究和解决。其理由是：只有这样做，问题才真正是学生自己的问题，解决问题的主人才真正是学生自己；在整个课堂教学过程中，教师只能是文本学习的一个平等参与者，其对课文的认知和结论也只能代表教师本人。实事求是地讲，目前，这种“非指示性”的提法和做法的确很新鲜、时髦，也很惹一些新潮者关注并表演。但是，我们还是要冷静地指出，这种貌似如何尊重学生，如何平等对话、自主学习和探究的提法与做法，恐怕也该是另一种“目中无人”。首先，没有顾及学生能力、素质、个性等方面的实际情况；其次，没有关注到学生对教师科学、灵活、适度的“引导”的合理需求；再次，也没有充分考虑到学生利用有限的课堂时间高效学习语文的实际需求。说得严重一点，对学生未来运用“语文”发展和提升自己，创造美好生活，为社会做贡献，享受高质量的人生而言，这似乎也该是一种很不负责任的行为。笔者认为，要想纠正目前这些新锐、激进倾向，矫正语文课堂教学这种跑偏的现状，实实在在地为新课改做点有益的事，我们还是应用心地到洪宗礼的“导学说”那里去寻找智慧和出路。

洪宗礼认为，语文教学过程实质就是师生双方交往的过程。对此，他还具体地强调，“教学，教学，就是教学生学；不仅要教学生学会，而且要教学生会学”。但洪宗礼又强调，教师的“教”始终是学生转化的外因，学生才是“学习语文的主人，是语文学习活动的主体”，教师的“导”，要服务于学生的“学”，要服务于学生健康人格的形成和良好的个性发展。只有把教师的“导”高质量地落实到学生“学”的主动性、积极性和有效性上，我们才有可能科学、高效地实现教文立人的语文教育目标。所以，笔者坚定地认为，语文新课改要想处理好语文教学中“教与学”的矛盾，确保语文教学的健康、高效，就必须始终坚持教师在教学过程中的主导地位，将师生平等对话、合作探究和生生讨论、探究等都置于教师科学、睿智的“导引”之下，以确保语文教学的科学、有序、健康和高效。这一点，不仅一线教师要时刻牢记并坚守，而且课标制定者、教材编写者、语文教育研究者等恐怕也都要从实际出发，实事求是地认真对待。不仅如此，还要突破教学层面上升到教育的高度来认识，教师主导学生“学文”，同样也是在铸魂立人，还会使“学文”和“立人”更科学、有序、健康和高效。《国家中长期教育改革和发展规划纲要（2010—2020年）》就非常重视教师在教学过程中的主导地位，明确定位要“以学生为主体，以教师为主导”，这无疑是在教育政策的层面确保了教师在新课改中的角色定位，对语文新课改沿着正确的轨道健康发展将是十分有益的。

三、语文新课改必须坚持把学生的“思”贯穿于教学过程的始终

现在，越来越多的人（也包括我们语文教师自己）都在责怪学生“思想偏激”“低幼化严重”“读篇文学作品理解不到位”“读篇论说性文章抓不住要点”“写篇议论文展不开思路”“说话语无伦次”“语言文字能力越来越糟糕”等。其实，一个很重要的原因就是没有重视在教学过程中对学生进行系统的“思”的训练。现在课堂教读，大都在盲目地追求大容量、快节奏、人文教育之类。水洒地皮湿、“跑马灯”式的课堂教读，使得一堂课常常在浮光掠影、浮皮潦草、闹闹哄哄的“平等对话”“合作探究”中就结束了。同时，学生深入学习课文，对课文中问题的联想、想象、思考和思辨也严重不够，大多是到一些学习资料（或网络）上搜索来一些“成说定论”，而后到课堂上“放羊式”地东说西说（甚至远离或架空课文瞎说）。至于文章为什么要这样而不那样遣词造句、布局谋篇、运招用技等问

题，几乎都没有时间启发、引导学生认真思考过，尤其是不能够联想到生活情理去深入体验、思考和探究。这样一来，一些紧扣课文内容且又颇具启发性和探究价值的问题，如“为什么只有白居易才听得懂琵琶‘语’？”“鲁镇的人为什么还叫她祥林嫂？”“小说《我的叔叔于勒》结尾处的‘阴影’一词有什么深意？”，在如今的语文课堂里越来越少见了。

再看看我们的作文教学，情状可以说是更糟糕。虽然教材里配了“表达与交流”训练，但由于与课文联系不够密切，再加上教师死盯着高考大搞功利化的“仿真作文”训练，则往往成了摆设。至于让学生用心地、思辨地用眼睛去“读”社会生活，然后用心地、思辨地自己去说或听别人说，现在几乎都很陌生了，尤其是高中作文教学。

关于这个问题，洪宗礼早就在他的“学思同步说”中明确地讲：“在语文教学中，学生听、说、读、写能力的培养，无不依赖于想（就是‘思’）。想，还涉及人们的立场、观点和方法。听、说、读、写与想，始终是同步进行的，人们无论想什么都得运用语言，从简单的念头到复杂的思维活动都需要语言。”洪宗礼还曾打过一个通俗的比方，“想，是听、说、读、写的总开关，是语文学习的总开关”。他主张，在进行听、说、读、写训练的同时，必须让学生积极地想，合理地想，全面地想，辩证地想，一方面通过思维训练促进学生语言能力的提高，另一方面在提高语言能力的同时促进他们思维能力的发展。洪宗礼还特别强调，一定要把“思”的训练贯穿于语文教学的全过程。即在课文教读过程中进行形象思维、逻辑思维和辩证思维训练，在字词教学中进行运用概念、判断、推理等思维训练，在写作教学中通过审题、立意、选材、布局、修改等环节进行思维的方向性、深刻性、灵活性、批判性、条理性、准确性等方面的训练。很显然，洪宗礼的“学思同步说”是在嘱告我们，在指导学生听、说、读、写训练的过程中，每一个环节都必须同时融入学生的想象、联想、思考和思辨等思维活动。哪怕是看上去很不起眼的问题，只要对提升学生的语文能力和素养有价值，就要让学生的生命、心灵、头脑深入其中，在教师指导下真正自主独立地体验、思辨和感悟。也可以这么讲，没有教师指导下学生的自主独立的“思”，也就没有了真正意义上的语文教学，也就不可能期待语文能力与素养的逐步提高和真正的铸魂立人。

过去，我们批判死教死学、教死学死，认为这种语文教学根本不给学生想象、联想、思考和思辨的机会，既无益于提高学生的语文能力和素养，又压抑和阻碍了学生精神与人格的发育。现在，语文新课改背景下，我们确实已经认识到：学生才是学习的主体，语文教学不能没有学生的主体参与，不能再有意无意地拒绝学生“思”的介入，而且还必须鼓励学生积极思考、主动探究，发表自己的见解。然而，由于我们急于求成，盲目地追求更快、更多，往往在还没有指导学生深入学习课文，深入体验、感受、思考和思辨的前提下就鼓动学生讨论、探究，发表见解，结果导致学生的“思”常常远离或架空课文，处于偏斜、漂浮、紊乱、混沌的状态，非常缺乏深度、力度和效度，甚至对学生在精神和人格等方面的发育还产生了副作用。可见，在新课改过程中，要想真正解决好这个问题，我们就必须认真学习和领会洪宗礼的“学思同步说”，同时坚定不移地加以传承和弘扬，科学地落实到语文教学的每个环节，在品味词句时“思”，在探究布局时“思”，在欣赏手法时“思”，在体验感受时“思”，在体会感悟时“思”，在联想引申时“思”，在回归生活时“思”，在课外读书时“思”，在“阅读”生活时“思”，在做文摘、写随笔时“思”……唯有如此，方能真正使“思”在学生课内外听、说、读、写训练中发挥支撑作用，贯穿于教师教和学生学的全过程，并且使学生终身受益。

四、语文新课改必须坚持语文教学与生活和生命的对接

经过多年的教学实践和不断的反思,笔者越来越认识到:语文教学必须彻底走出自恋、自闭的小天地,必须真正实现与生活和生命的对接,必须走生活化语文教学之路。所谓与生活对接,就是要与作者生活、课文生活(即情境、语境、意境、主旨、意图之类)和生活情理对接,不仅对接,还必须领着学生深入进去体验、感受、思考、思辨、探究、感悟等。所谓与学生的生命对接,就是要与学生的学习、生活、体验、积淀、素养等对接,并且还要充分地加以激发、调动、导引等。这样,学生才有可能真正理解和感悟到文章为什么要这样而不那样遣词造句、布局谋篇、运招用技的缘由;这样,我们才有可能充分关注到来自现实生活和学生生命的种种有益于语文教与学的因素;这样,我们的语文训练才有可能会充盈着生活智慧、生命体验和心灵震颤;这样,我们的语文教学才有可能从课本和教室的小天地里彻底解放出来,实现语文生活化,生活语文化。遗憾的是,由于受理解和认识不甚统一、课堂教学快节奏和大容量、人文教育泛化、应试教育急功近利等因素的制约,在具体的语文教学实践中,语文教学生活化理念还远未深入人心并形成理想的气候。

可喜的是,洪宗礼的"渗透说"早就体现了其语文教学生活化的思想,为语文教学走生活化之路指明了方向。请看它的三个关键点:其一,语文学科内部各要素之间是有着密切联系的,这种联系是相互依存和相互制约的;其二,语文学科与其他相邻学科有着广泛而密切的联系;其三,语文教育与社会生活也有着广泛而密切的联系,在社会的大环境中,在其他学科学习过程中,时时处处都可以学习语文、感受语文、运用语文。值得注意的是,虽然洪宗礼反复强调的是"渗透",但这诸因素相互渗透的观点不也正是"语文教学要与生活和生命对接"这一理念的精神内核吗?事实上,语文

学科内部的诸要素也好，与其他相邻学科、与社会生活广泛而密切的联系也罢，这些都不能直接转化为语文能力和素养，更不会直接升华为思想、精神、境界、人格。要想让这方方面面的要素“鲜活”起来，融为一体，都朝着学生“学文立人”这个核心发力，那就必须要有学生生命、情感、心灵的深度参与，就必须通过教师科学的引导以及学生深入品读、观察、体验、感受、思考、思辨、探究和感悟。所以，洪宗礼那里的“渗透”绝非呆板、机械的渗透，更不是拒绝学生生命、情感和心灵的“无机”渗透，而是教师积极引导学生、学生主动参与和实践的有机化、生命化、生活化的渗透。

所以，对于洪宗礼的“渗透说”，我们必须认真学习和研究，深刻而全面地领会其精神实质，并坚定不移地在教学实践中多环节、多渠道地加以落实和弘扬。

五、语文新课改必须打造助推学生能力和素养循序提升并终身发展的链条

洪宗礼向来非常重视打造助推学生语文能力和素养循序提升并终身发展的链条。他认为，前一个教学目标的完成就是下一个教学目标的端点。他在自己的“端点说”中特别强调，“不能仅仅守住一堂课、一本书，而要使每一课、每一单元、每一册课本的学习都成为学生未来发展的一个端点，成为学生广泛学习的一个扩展点”，“在这个端点上，学生不仅要学习语文基础知识，训练语文能力，培养语文习惯，而且要掌握语文学习的方法”。洪宗礼的“端点说”强化了语文教学的目标意识，也启示我们必须重视教学目标，绝不可忽视甚或没有教学目标。大家都清楚，任何教学活动都是一种有目的的活动，教学目标既是教学活动的出发点，也是归宿点。当然，这个教学目标不能只是教师一方清楚，还必须使学生都明确，甚至还需师生共同来拟定。只有这样，这个

教学目标才会激起学生强烈的学习动机和热情，并在学习过程中强化他们的学习意志，磨炼他们的学习毅力，在完成学习目标之后，使学生意志品质和健康人格得到发育。也正如洪宗礼所反复强调的那样，教师一定要尽心尽力地打造好学生在校“学文立人”的端点，以使学生扎实地迈好这人生的第一步，为他们将来学习语文，发展事业，提升精神、境界、人格等奠定坚实的“语文”和“人文”的基础。可见，洪宗礼所热诚关注和倾力打造的还不只是一根循序提升学生语文能力和素养的链条，也是一根学生精神、境界、人格等不断提升的链条，更是一根助推学生终身学习、发展和做人的链条。

总之，洪宗礼的“五说”教育观，科学运用系统思想和矛盾法则，揭示了语文教学内部诸多方面的矛盾统一关系，使语文教学中的文与道、教与学、学与思、内与外、标与本，实现了辩证统一，从而发挥了语文教学的整体综合效应，实现了语文教学结构的科学化与最优化。我们要想守本务实、健康高效地搞好语文教学，走好语文新课改之路，要想科学建构语文新课程的教学系统，解决好“教什么”“怎么教”之类的问题，要想在教文立人这个严峻的课题面前有所作为，就应该也必须深入学习、研究洪宗礼的语文“教育链”思想，传承和弘扬他的“五说”教育观和“双引”教学法。洪宗礼的“五说”教育观与叶圣陶语文教育思想是一脉相承的，是对传统语文教学之精髓的传承和发扬，更是他一生从事母语教学的宝贵经验的结晶。可以毫不夸张地讲，洪宗礼的“五说”教育观就是一座为我们“语文人”导向的路碑，一座时刻警示我们守住母语、教好母语、走好语文教学之路的路碑，一座语文新课改不可绕越的路碑。

洪氏“五说”教育观的内涵、实质及现实意义

“洪氏语文”是洪宗礼语文教育思想、教学实践与研究、教材建设与研究以及其母语教育研究和教育情怀的总称。“洪氏语文”的核心思想是语文“教育链”，而这个语文“教育链”的理论支撑则是“五说”教育观，即工具说、导学说、学思同步说、渗透说和端点说。

一、坚守并弘扬洪氏“工具说”

洪氏“工具说”概述

语文的基础工具性质，是语文教学的基点，也是语文教学改革的根本点和出发点。只有确立了这一基点，才能客观地认识语文教学的性质、功能、目标和任务。语言文字是思想文化的载体，学生在语文课上不仅学习语言文字本身，而且同时接受思想教育、精神陶冶，提高文学素养，丰富社会和自然方面的知识。

语文教学的核心价值，就是努力帮助学生提高理解和运用祖国语言文字的能力，逐步养成良好的运用语文的习惯，掌握终身受用的语文工具，为将来从事工作和继续学习奠定良好的基础。

思想教育、文学教育、知识传播、思维发展都必须寓于语文教育之中，都只能在语文实践的过程中顺理成章地进行。不能把语文课上成政治课，也不能把语文课上成文学课、社会自然常识课。

语文这个工具，指的是学习、工作、思维和交际的工具，又是承载和弘扬文化的载体。语文教学不应当只满足于语言的认知、语言的理解、语言的积累，还必须重视语言的运用，也就是要强化语文训练，且以训练为中介，促进知识向能力、素养转化，实现知与行的统一。

"工具说"是洪宗礼的"五说"之一，列于首位，旨在解决语文学科教学的基点、性质和本务问题。作为一名语文教育工作者，我们必须真心坚守并努力弘扬之，绝不可有丝毫动摇。

（一）坚守并弘扬"工具"和"人文"的统一

对语文学科性质和价值问题的探讨，一向是洪宗礼的研究重点之一。自 20 世纪 70 年代末以来，洪宗礼对语文学科性质的理解也在不断深化、丰富和完善，但他毫不动摇地坚持"工具说"的立场则是一贯的，他对语文工具性所赋予的基本内涵也是明确的。

洪宗礼的这种"工具"和"人文"高度和谐统一的思想认识，无疑是在明确地告诉我们，"工具性"和"人文性"本来就是统一的，绝不是我们如何让它们统一的问题，更大可不必整天拿"工具性"和

“人文性”说事。为此,我们一定要坚持语言本位,一定要把语言教育作为语文教育的基础和核心,把语文基础知识教学和语文基本能力训练作为语文教学的本务。所以,我们就必须把语文教学的核心价值定位于培养和提高学生理解及运用祖国语言文字的能力,逐步让他们养成良好的运用语文的习惯,掌握终身受用的语文工具。只有坚守住这样的本位、本务和核心价值,我们才有可能保证我们的语文教学归真守本、务实简约、健康有效地不断向前推进。目前,语文教学之所以实效不佳、屡遭诟病,一个很重要的原因就在于我们没有守住这个“本位”。

当然,“守本”也并不意味着语文教学就是单纯的培养学生的语文能力和素养,而与文学教育、文化教育、人文教育等毫不沾边——事实上只要我们想探究和赏析语言究竟是怎样表情达意的以及为什么非要这样表达等问题,就根本不可能远离或架空文本的思想、情感、道理等。实际上,落实好洪宗礼的“工具说”,我们反而会把文学教育、文化教育、人文教育等落实得更扎实本真、有机和谐,反而会更有教育的实效。首先,教材中的课文都是典范的思想、文化、文学作品,都蕴含着丰富的思想、精神、情感、文化等人文内容,不可能真的就彻底避开文学教育、文化教育和人文教育等。其次,教学生探究、理解和把握作者是“怎样写的”以及“为什么这样写”之类的问题时,就是为了深透品析课文作者到底是运用怎样的语言艺术来突出或昭示其思想、精神、情感、文化等人文因素的。换言之,学生之所以会对课文的语言艺术有强烈的感受和深刻的认识,也恰恰是看到了课文的语言形式恰到好处地为课文的人文因素服务这一点。再次,学生必须深入课文的人文内容才有可能真正悟得其语言运用的入情入理和恰到好处。也就在这样的学习、品析和探究的过程中,学生的语文能力、语文素养及其文学素养、文化素养自然而然地同步得到发育和提升。

因此，我们必须得像洪宗礼那样坚守和弘扬"工具"与"人文"的统一，守本归真地搞好语文教学，以保证语文教学不走样、不变味，归真守本，简约务实，健康有效。

（二）坚守并弘扬"语文教学"和"言语实践"的统一

语文是学习、工作、思维和交际的工具，又是承载和弘扬文化的载体。众所周知，所有工具只有在使用中才能掌握，所以掌握语文工具并臻于熟练也不例外。这就决定了语文学科有很强的实践性和应用性，决定了学生学习和掌握语文这个工具必须通过自己的"历练"。只有经过不同语境的反复的技能训练，语言运用才能达到熟练、牢固乃至巧妙的程度，才能转化成语言习惯，成为语言直觉。语文教学不应当只满足于语言的认知、理解和积累，这些毕竟都是"死"的，还必须得重视语言的活学活用，也就是要强化语文训练。同时还要以训练为中介，促进知识向能力、素养转化，实现知与行的统一。这就是洪宗礼的言语实践观。也正是在这种观念的指导下，洪宗礼一向倡导语文应用，十分注重言语实践，并且身体力行。

其实，在基础教育中，语文与其他学科的区别就在于，学习其他学科，语言只是一种媒介，只有语文学科的学习才需要研究并探讨语言本身，即不仅要理解它表达了什么，还要研究它是怎样表达的，以及为什么要这样表达。所以，从学科特点而言，作为交际工具、思维工具和传承文化工具的语文，重视语言训练理应是语文学习的必由之路。换句话说，任何脱离或忽略语言工具特点的语文课都算不上真正意义上的语文课。为此，洪宗礼主张，语文训练必须"死去活来"，必须有格、有序、有恒地坚持语言训练。可见，洪宗礼的言语实践观深刻揭示了语文学科的实质和本务，也指明了语文教学守本务实、简约高效的出路。当下我们的一些语文课堂，花里胡哨的“亮点”多，浮躁热闹的“乱讲”多，变相灌输的“投影”多，却很难见到教师指导学生做表达、总结、概括、提炼等语言和思维的“正步操”，如教学生概括提炼段意、层意、句群意等。对此，我们必须给予高度关注和深刻反思，也必须到洪宗礼的语言历练观那里去汲取智慧，而后以课堂教学为依托，务实扎实、循序有恒地搞好语言训练，切实提高学生的母语运用能力。

（三）坚守并弘扬“教文”和“立人”的统一

洪宗礼一贯明确要求，思想教育、文学教育、知识教育，只能在语文训练的过程中进行。当然，我们还必须明确，洪宗礼如此坚守语言本位，如此认定语文教学的核心价值，绝不等于他漠视人文教育和文化育人。恰恰相反，洪宗礼认为语文是育人之基础工具，语文教学只有一个目的——塑人，母语是透视民族文化的窗口。只是他始终不忘告诫我们：语文教学就是语文教学，母语教育就是母语教育，绝不是直接等于人文教育和母语文化教育。语文的工具性、思想性，两者合二而一，就犹如一个硬币的两面，语言文字为表，思想内容为里。

一些“泛人文化”论者认为，弘扬人文精神就是要进行以文化、人文和文学教育为主的语文教学，重视语文训练必然会丧失人文精神。表面上看，这似乎为语文教学找到了医病的良方，实际上反而迷失了语文教学的根本。当然，这种“泛人文化”思潮的弊端也早已引起一些有识之士的警惕和批评，但这股思潮似乎仍很强劲。请看当下的语文课堂，任由学生远离或架空课文，漫无边际地讨论、探究仍很流行，一些示范课、观摩课、竞赛课之类则表现更为突出。比如，对“长者虽有问，役夫敢申恨？且如今年冬，未休关西卒。县官急索租，租税从何出？信知生男恶，反是生女好”（出自杜甫《兵车行》）几句，不是引导学生多读深品课文，深入体验、感受诗人的怨愤、同情和控诉，更不去深刻揣摩、感悟这短促有力的诗句是如何增强情感的表现力的，而是东拉西扯地联系到“后宫佳丽三千人，三千宠爱在一身……遂令天下父母心，不重生男重生女”（出自白居易《长恨歌》），引导学生合作探究不同时代背景下人们的观念和女孩子的命运的不同。如此乱弹琴，竟还被有的专家认为是教学“亮点”。其实，类似的课堂教读，对语文课本务的完成是很有害的，长此下去，对学生语文素养和人文素养的发育与提升也都非常不利。

其实，无论是叶圣陶、吕叔湘、张志公，还是洪宗礼，他们都从来没有否定过语文课的思想、文学等教育功能，他们只是始终在强调，语文教学就是中小学语文教学活动，必须把培养和提高学生的语文能力和素养作为基本任务。他们也都在告诫我们，进行纯“人文教育”的语文教学不是真语文教学，也是没有出路的。这一点，似乎应该引起新课程改革背景下的专家学者和广大一线语文教师的高度关注和深刻反思，并且在制定新课标、编写教科书、进行语文教学改革等具体实践中坚定不移地加以传承和弘扬。语文教师在教语文的前提下和过程中自然而有机地渗透人文教育等；编教材者自觉贴近语文教学的实际和本质规律，编写有益于在语文教学中渗透人文教育的教材；课标制定者也自觉贴近语文教学的实际和本质规律，制定务本、合理、实用、有效的新课标。

坚持“工具说”，绝不意味着用人文教育、文化教育来架空语文教学，而是在坚持语文教学的本质和规律，是在坚持“语文”和“人文”“教文”与“立人”的和谐统一。这一点，绝不可做半点儿动摇甚或放弃。

二、导学:语文教学过程的本质

洪氏“导学说”概述

教学过程主要是由教师和学生两个功能体的双向交往活动来完成的。从本质上说,教学的过程就是实现教师主导性和学生主动性统一的过程。教学,就是教学生学——不仅要教学生学会,而且要教学生会学。

就学习而言,学生是主体。如果把语文教学看作整体,教与学则都是主体。在教与学这对矛盾中,“教”是主导的方面,因为教师引领着教学的方向,承担着培养能力、发展智力、诱发动力和传道、授业、解惑等多重责任。

就语文学习的过程而言,学生的“学”,是从不知到知,从少知到多知,从浅知到深知,从认知到理解、运用等种种转化的根据;“教”则是转化的外因。

语文教学的着眼点是提高语文教学质量和效率的关键,是要努力使教与学双边在语文教学过程中达到辩证、和谐、完美的统一。

导学的目标是实现“从教到不需要教”的理想境界,而实现这一目标,应当重视“导”的作用。为了将来“不需要教”,现在必须明确“导”的方向,讲究“导”的质量,提高“导”的艺术,注重“导”的效果,真正地、扎扎实实地“教”好。

教师要通过艺术地“导”,使学生在学习中逐步摆脱对教师的依赖,不仅在学习上能够自立,而且在个性、意志、人格上都能成为独立自主的人,从而在学力、能力、智力上都能得到同步发展。

回顾洪宗礼的“导学说”,我们不难发现洪氏“导学说”最集中地反映了语文教学过程的本质，揭示了教学过程发展的原动力，体现了语文教学的上佳境界。深入学习洪宗礼的“导学说”，反思当下的中学语文教学，我们必须做到以下“三个必须”。

（一）必须坚持教师在教学过程中的主导地位

新课程理念的灵魂就是尊重学生的主体地位，强调学生是学习的主人，必须按照学生自身的能力和要求去展开教与学，变传统的以教师为中心的“传递式”教学，为以学生为中心的“建构式”教学，其宗旨就在于培养学生的自主人格和创新品质，为国家和民族的发展与强盛造就自主、创新型人才。从教文立人这一语文学科课程价值的高度来看，这样的课标理念无疑是正确的，是很符合时代发展、社会进步、民族复兴对人才需求的大趋势的。关键是在这“以学生为中心的‘建构式’教学”实践中，教师究竟该充当什么样的角色，具体又该怎样从实际出发，因学生而异、灵活而扎实地落实好新课标的精神。

在落实新课标精神的过程中，一些教师对传统语文教学很不满，热衷于走偏锋，搞“极端学生中心主义”。甚至有人主张：让学生完全“独立”地与课文及作者进行对话，教师不要拟设什么“学习目标”，也不要预设课堂问题，以避免牵制、干预、阻碍学生的自主学习和探究；课文学习中的问题，也完全由学生自己去发现和提出，去探究和解决。单从理念本身来看，这确实是充分尊重学生的主体性的。但是，我们不得不冷静地指出，这种貌似尊重学生，与学生平等对话，让学生自主学习和探究的提法与做法，实质上是严重脱离教学实际的，搞得过分恐怕也该是另一种“目中无人”。首先是没有顾及学生能力、素质、个性等方面的实际情况，人为地过度拔高学生的能力和素养——把学生当成了语文和人文素养很高的人；其次是没有关注到学生对教师科学、灵活、适度的“引导”的合理需求，违背了语文教学过程的本质规律；再次是没有充分考虑到学生利用有限的课堂时间来有效学习语文的实际需求；另外，就是更没有考虑到学生的语文能力和素养需要一个渐进提升的过程。

洪宗礼在他的“导学说”中确实也反复强调，学生应当是学习的主人，是语文学习活动的主体，教师不能过于生硬地控制学生学习活动的过程，不能使他们丧失主动性和独立性。但是他始终认为，教师的“教”始终处于主导的方面，以便使自己的“导”更能充分、到位地服务于学生的“学”，使其能够有效地完成学习任务。如果离开了教师合理的“导”，学生的主动就会成为盲动，结果反而会导致教与学的无序和低效。鉴于此，笔者认为，要处理好语文教学过程中“教与学”这对矛盾，确保语文教学的本真、合理、有序、健康和实效，就必须首先把学生的体验感受、思考感悟、合作探究、思辨讨论等都置于教师科学、睿智的“导引”之下。具体地讲，就是要通过教师的定向、启发、点拨、引导、暗示，不断启动学生的学习动因，开发学生的学习潜能，提高学生学习的效能，真正把教师的主导性落实到调动学生的学习主动性、积极性和有效性上。可见，洪宗礼的“导学说”对矫正目前的“极端学生中心主义”倾向，处理好教师的主导地位和学生的主体地位，对语文教学的返璞归真、守本提效无疑都是十分有益的。

（二）必须坚持辩证地看待对学生主体地位的尊重

新课标指出，“教师既是与学生平等的对话者之一，又是课堂阅读活动的组织者、学生阅读的促进者”，教师要“尊重学生个人的见解，应鼓励学生批判质疑，发表不同意见。教师的点拨是必要的，但不能以自己的分析讲解代替学生的独立阅读”。洪宗礼的“导学说”也反复强调，教师的“教”始终是学生转化的外因，学生才是“学习语文的主人，是语文学习活动的主体”，教师的“导”，要服务于学生健康人格的形成和良好习惯的个性发展。在洪宗礼那里，教师的“导”与学生的“学”非但不矛盾，反而是为了更好地促进学生发挥好主体作用。当然，教师必须得把高质量的“导”落实到学生“学”的主动性、积极性和有效性上。只有这样，学生才有可能科学地学，有效地学，并在学好语文的过程中实现自主精神、独立人格与创新品格等人文素养的发育与提升。所以，教师必须始终充分尊重学生的主体地位，坚守住学生才是学习的真正主体这一理念。也只有这样，教师才有可能真心地去调动学生的积极性和主动性，并使自己的教学深入学生灵魂，从而使他们真获益、获真益。现在的问题是，要么过度尊重，一些语文教师把学生主体地位极端化，使学生的合作探究、思辨讨论等都处于一种无导、无向、无序、无功的状态；要么将语文教学彻底应试化、实用化和功利化，一味地死填硬灌、死考死练，根本就无视学生主体地位，心安理得地在那里制造考试的机器。这些都是因种种主客观因素而不能够坚持辩证地看待学生的主体地位所造成的恶果。对此，广大一线语文教师都看得很清楚，只是很少有人去变革这样的现状——或者说不愿（或无力）变革，还谈什么充分尊重学生地位！洪宗礼的“导学说”就充满着这种辩证的智慧，对指导广大一线语文教师辩证地看待学生主体地位问题很有指导价值，对促进语文新课改沿着正确的轨道健康发展也是十分有益的。

（三）必须坚持课本与师生双主体的和谐共生

如果把语文教学看作整体，那么在“教”与“学”这对矛盾中，两者应该都是主体。当然，教师应始终是“导”的主体，是为学生的“学”服务的，降低教师的主导作用无益于学生有效地完成学习任务。就学生而言，他们应该始终是语文学习活动的主体，“学”应该是他们从不知到知，从少知到多知，从浅知到深知，从认知到理解、运用等种种转化的依据。如果教师的“导”成了生硬的牵引甚或控制，就会使学生这个主体丧失主动性和独立性，在学习中呈消极应付状态；如果学生的“学”成了自主架空或远离文本的跟着感觉走，这不仅是教师主导地位的不作为，同样也会使学生丧失其学习、思考、探究和感悟的正能量，也就根本谈不上其主体作用的有效发挥了。所以，我们必须努力使“导”与“学”双边在语文教学过程中达到辩证、和谐、完美的统一。为此，洪宗礼反复强调，“教学过程主要是由教师和学生两个功能体的双向交往活动来完成的。从本质上说，教学的过程就是实现教师主导性和学生主动性统一的过程”。他的这一论断，无疑是在告诉我们，语文教学过程实质就是师生双方交往的过程，因而必须在教与学的过程中形成双主体合力，努力实现课本、教师、学生三者完美、和谐的结合，做到和谐共生。或者我们还可以这样讲，教师在促进学生学习、发展和提升的同时，自己也从这种师生和谐发展中获取自身的发展和提升，从而获得更大的教育教学效益。

目前，中学语文教学研究界对师生“双主体”的研究还是比较深入的，认识也比较深刻。但是，在教学实践中却往往大打折扣或根本就是另一番景象：很多教师只热衷于应试型教学，一味地搞强行灌输和压制性考练，根本谈不上什么学生的主体地位。形成这种被动局面的症结也不难发现，那就是教师没有充分认识到课本与师生双主体“和谐共生”的意义和价值，也没有感受到过教与学过程中课本与师生双主体所形成的合力，更没有体验过这种和谐共生的成功与喜悦。可见，要想使学生在学习过程中形成正确的价值观念、健康的情感、科学的态度，学好文也做好人，要想使师生在教与学的过程中都得到和谐发展，使语文学科教育教学获得最大化的效益，坚持并践行课本与师生双主体的和谐共生，则应该是一条很有效的理想途径。

三、想:学生学文立魂的总开关

洪氏“学思同步说”概述

语言是思维的物质外壳。语言表达一刻也离不开思维,思维的过程也离不开语言,语言与思维的密切不可分割性,语言与思维的统一性,决定了语言与思维始终是同步发展的。

在语文教学中,学生的听、说、读、写能力的发展,无不有赖于想。想,还涉及人们的立场、观点和方法。听、说、读、写与想始终是同步进行的,人们无论想什么都得运用语言,从简单的念头到复杂的思维活动,都是依靠语言。想,是听、说、读、写的总开关。

教学实践中可以发现语言思维发展的轨迹:在一般情况下,学生听、说、读、写能力高的,思维能力也较强。语言与思维的发展是相适应的。从语文教学中又可以发现,学生的语言与思维的发展有时又不完全适应。不能认为语言发展了,思维就自然发展了;思维发展了,语言也自然发展了,甚至以为两者可以互相取代。语言与思维互相联系,互相依存,互相促进,是辩证的统一,却不能“合二而一”。

教师在教学中只能把语言训练与思维训练有机地结合起来,进行科学有序的训练。教师要最大限度地调动学生思维的积极性,有目的、有层次地引导学生在语文训练的过程中积极地想、正确地想、合理地想、严密地想,从而促进学生语言与思维同步发展,既提高学生语文能力,养成运用语文的习惯,又形成学生良好的思维品质和心理素质,发展学生的智力。

任何事物都有一定的结构,都是由若干要素按照其固有规律结合而成的。语言训练与思维训练也不例外。要使语言训练与思维训练同步结合,必须首先将语言训练的要素和思维训练的要素作分解,然后按照语言与思维同步发展的目标,找出两者的最佳结合点或最佳联系点,进而做科学的组合训练。要坚持结合语言训练进行思维训练,把思维训练贯穿于语文训练的全过程。

洪宗礼有句名言:“想,是听、说、读、写的总开关,是语文学习的总开关。”这里,笔者要拓展一步说,想,实质上也是学生学文立魂的总开关。笔者认为,品读洪宗礼的“学思同步说”,我们至少可以获得以下三点启示。

（一）要高度重视语文教学过程中学生的“想”

洪宗礼一贯强调,在语文教学中,学生的听、说、读、写能力的发展,无不有赖于想。事实上也往往确实如此。听他人讲话或诉说,不能不去想他要表达的主旨、要强调的意思,不能不去想他是如何清晰讲述的、又是如何打动读者的,同样也不能不去想他观念的正确性、说理的严谨性等;读到一篇文章,不能不去想这篇文章到底表达了怎样的思想情感,又是怎样来表达的、为什么要这样表达,同样也不能不去想文章的主旨是否无懈可击、表达是否无可挑剔等;自己要讲话,就不可能不想自己到底想讲什么,到底该怎样讲才会更好些,尤其还要考虑到讲话对象等;写也是一样,也要先想好自己要表达什么,究竟采取怎样的形式和写法效果才会更好,同时还要考虑读者对象的身份、地位、思想观念和审美情趣等。

这些都还是粗线条的,在具体实践过程中,还需想得更深入细致些。比如写好一篇议论文,具体操作时就要做到:一是在破题时好好想。如“宽容”“桥”“时尚”“位置”之类的作文题,文章开头一定要先破题,即开篇揭示这个概念的一般意义、一些常规的理解等,而后再化大为小,化抽象为具体,巧妙地迁移到作者要谈论的角度。这样一来,大话题就化小了,抽象、虚渺的概念也就变具体了，作者也容易找准自己的身份和位置了，想选什么角度写就选什么角度来写，自然也就有话说了，而且可以写好了。二是在起笔时好好想。如“沉默是金”“人生不能没有坚强做伴”“时尚不可盲从”之类的作文题，若写成议论文，开头需好好想想如何起笔，以牢牢抓住读者，震撼人心，突出中心论点。三是在展开时好好想。好好想一想，分论点是否明确突出、充分有力，是否能够很有力地支撑中心论点，是否能够做到由浅入深地层层展开。四是在举例时好好想。想想例子是否典型，是否能够很恰切地为论点服务；想想例子是否让人耳目一新，是否有时代感；想想例子是否很有震撼力，是否能使读者发自内心地信服。五是在分析时好好想。好好想想如何进行深刻、透辟、辩证的分析，以进一步增强论点的说服力。六是在结尾时好好想。好好想想如何根据自己文章的实情来定结尾的形式，如是否还需要重申、呼应中心论点；是否需要辩证地论证一下，以确保论点的辩证、全面和深透；是否需要再简要地谈谈该怎么做；是否需要增添点文采，以增强语言的冲击力，令读者心动或震撼等。

可见，听、说、读、写须臾都离不开“想”。想，本身就是在用心听、用心说、用心读和用心写，是人的思维在按照听、说、读、写的要求合理地进行流动。没有深入、辩证、合理的想，也就没有了有效的听、说、读、写。如果学生只是在一天天毫不情愿地接受着一篇篇用以训练或测评的阅读文本，一天天地在为那点儿可怜的分数对付着老师要求的仿真作文，如此几乎不给学生积极地想、主动地想、合理地想的机会，他们自然也就没有了主动性和积极性。这样的“听、说、读、写”，几乎彻底拒绝学生的“想”，又怎会不高耗低效，令学生十分厌恨呢？要想较彻底地扭转这种被动局面，笔者认为，我们还需到洪宗礼那里去寻得上策和良方。

（二）要把语言训练与思维训练有机地结合起来

语言是思维的物质外壳。可以说，语言表达一刻也离不开思维，思维的过程也离不开语言。由于现代教育所要培养的是思维活跃、有巨大发展潜力的人，在语文教学中同步进行语言与思维训练，在发展学生语言能力的同时，提高学生的思维能力，正是为了适应未来一代发展的需要。

鉴于这样的思考和认识，洪宗礼认为，在语文教学中，教师只有把语言训练与思维训练有机地结合起来，进行科学有序的训练，才有可能最大限度地促进学生学思同步，同步发展其思维能力。为此，洪宗礼希望语文教师能够最大限度地调动学生思维的积极性，有目的、有层次地引导学生在语文训练的过程中积极地想、正确地想、合理地想、严密地想，从而使其语言与思维同步发展。他还认为，这种学思同步有益于学生语文能力的提高，语文习惯的养成，以及良好的思维品质和心理素质的发育。无论采取何种形式，他都始终坚持语言训练与思维训练相结合，把思维训练贯穿于语文训练的全过程。

现在的大中学生，讲话结结巴巴、语无伦次，写点儿东西思路不清、一团糨糊者不在少数，甚至一些高考语文得高分的学生也不例外。之所以会出现这种令人痛心的尴尬现象，根子就在于我们的语文教学没有做到学思同步，没有坚持语言训练与思维训练相结合，把思维训练贯穿于语文训练的全过程，更没有在教学过程中用心操作，切实拓展学生的思维空间，发展他们的思维能力。洪宗礼的学思同步观为我们揭示了听、说、读、写表层下面的内驱（即“想”），也指明了语言训练的科学途径——与“思”同步，甚至还为我们讲明了科学的操作方法。他希望广大语文教师一定要引导学生摆脱预设“唯一”标准答案的僵化思维模式的禁锢，绽放出灿烂的创造思维的火花，成长为富有创造思维的人。鉴于此，我们必须认真学习和领会洪宗礼的“学思同步说”，同时坚定不移地加以传承和弘扬，科学地落实到语文教学的每个环节，真正使“思”在学生课内外听、说、读、写训练中发挥支撑作用，贯穿于教师教和学生学的全过程，并且使学生终身受益。

（三）要多角度多层次地进行科学的组合式思维训练

在一般情况下，学生听、说、读、写能力高的，思维能力也较强。语言与思维的发展是相适应的。以写作为例，学生文章写得生动、形象，往往是形象思维能力比较强；学生作文时说理分析透辟、深刻的，往往是逻辑思维能力比较强；学生作文富有见地，新人耳目，往往初步具备了创造性思维能力。反之，学生作文离题万里，大多因为思维缺乏方向性；作文杂乱无章，一般由于思维混乱；作文词不达意，文理不通，除了缺乏语言训练之外，往往是思维缺乏准确性。洪宗礼在教学实践中也发现，学生的语言与思维的发展有时又不完全适应，比如也有思维敏捷、灵活的学生，语言表达能力却较差。

任何事物都有一定的结构，都是由若干要素按照其固有规律结合而成的。语言训练与思维训练也不例外。要使语言训练与思维训练同步结合，必须首先将语言训练的要素和思维训练的要素作分解，然后按照语言与思维同步发展的目标，找出两者的最佳结合点或最佳联系点，进而做科学的组合训练。有时可“对口”训练，如在阅读教学中可把字词训练和概念判断的应用训练对口结合，在写作教学中可把作文立意训练与思维深刻性的训练对口结合；有时可交叉结合训练，如在阅读教学中把课文语言揣摩与求异思辨的讨论交叉安排进行语言与思维训练。也就是说，我们不仅要坚持语言训练与思维训练相结合，要把思维训练贯穿于语文训练的全过程,更要多角度多层次地进行科学的组合训练。实践证明,这种多角度、多层次、组合式的思维训练,更贴近学生的实际,也更符合听、说、读、写训练的实际,是科学有效的。

总之,洪宗礼的“学思同步说”就是在嘱告我们:在指导学生听、说、读、写训练的过程中,每一个环节都必须同时融入学生的想象、联想、思考和思辨等思维活动。哪怕是看上去很不起眼的问题,只要对提升学生的语文能力和素养有价值,就要让学生的生命、心灵、头脑深入其中,在教师指导下真正自主独立地感受、体验、思考、思辨和感悟。也可以这么讲,没有教师指导下学生的自主独立的“想”,也就没有了真正意义上的语文教学,也就不可能期待学生语文能力和素养的逐步提高和真正的铸魂立人。想,应该是学生学文立魂的总开关。

四、有机渗透:实现语文教学的整体化和最优化

洪氏“渗透说”概述

语文内部的听、说、读、写之间,语言形式与思想内容之间,智力因素与非智力因素之间都密切相关,互相渗透。各因素的组合、渗透而形成的合力应大于各分解因素之和。语文教学的一个重要任务,就是要最大限度地协调各因素之间的关系,努力实现优化的整合,使知识结构与能力训练、知识教育与语文教育、智力发展与习惯培养等多元结合,互相渗透,充分发挥其整体综合教学效应。

语文与外部的社会生活以及其相邻的学科有着广泛而密切的联系。语文源于生活,社会生活的方方面面又无不需要运用语文工具,语文教学必须置于社会生活的宏观范围之中。要通过多种形式的课外语文活动,巩固、加深、扩大、活用课内所学的语文知识,把课内学习适当延伸到课外。语文教学以课堂为轴心,与其他

学科的沟通、联系、渗透符合语文教育的特点和规律。语文教学的价值不只体现在提高学生语文能力上,更体现在学生德、智、体、美全面素质的提高上。语文教学必须注意语文学科与其他学科的沟通、渗透。要力求做到相互促进,相辅相成,更好地实现本学科的主要教学目标,促进学生的全面发展。

语文与社会生活广泛联系,与平行学科互相沟通。在社会生活的大环境中,在其他学科的学习过程中,时时处处可以学习语文,感受语文,运用语文。语文教学应当从教学时间安排上考虑到与学生社会活动、平行学科教学的协调、平衡,适度提高课堂教学的容量、密度、效度,这有利于促进学生全面发展,真正实现整体化、科学化和最优化。

学习洪宗礼的"渗透说",再反观当今的语文教学,我们确实在整体化、最优化等方面做得很不到位,进而导致教学严重缺乏综合性和整体性,缺乏灵气和活力,很难激发起学生的学习兴趣,也很难实现教文立人的教育理想。那么,要想较为彻底地扭转当今这种被动局面,实现语文教学整体化、综合化、科学化和最优化,我们至少应该扎实地做好以下"三个相互渗透"。

（一）做好语文内部各因素之间的相互渗透

洪宗礼认为,语文作为多因素的综合体,在它的内部各因素之间存在着互相依存、互相制约的关系。读、写、听、说之间,语言形式与思想内容之间,智力因素与非智力因素之间都密切相关,互相渗透。各因素的组合、渗透而形成的合力应大于各分解因素之和。语文内部的这种渗透性,决定着语文教学质的规定性和效度。由此可见,语文教学的一个重要任务,就是扎实而有机地做好语文内部各因素之间的相互渗透,最大限度地协调各因素之间的关系,努力实现最优化的整合，使知识结构与能力训练、知识教育与语文教育、智力发展与习惯培养等多元结合，互相渗透，最大化地发挥其整体综合教学效应。比如，阅读不仅仅是为了获得知识、信息和情感陶冶、精神营养等，也是为了获取“说”和“写”的门径与智慧。所以，教读应该与教说和写相互渗透，反之亦然。听，也是一种读，只不过不用眼睛而用耳朵去读。不管是用眼睛还是用耳朵，都必须用心，都要读出语言表达的规律和方法，因而也是与说和写相互渗透的。再比如，学生记忆一些“死知识”需要有良好的记忆力，但是仅仅靠充分发挥智力因素来死记往往是效果不佳的，即记完了很快就忘。如果渗透非智力因素，即强化趣味记忆，往往会收到刻骨铭心的记忆效果。例如，学生总是容易把“鸠占鹊巢”中的“鹊”误写成“雀”。教师不妨引导学生比较一下斑鸠鸟与喜鹊、麻雀的个头，学生自然就会明白斑鸠鸟占了麻雀的巢是没有用的，自然也就把这个“鹊”字记得刻骨铭心了。

语文教学中一定要高度重视语文内部各因素之间存在着互相依存、互相制约的关系，扎实而有机地做好语文内部各因素之间的相互渗透。只有这样，语文教学才会做到既活又实，富有实效。

（二）做好语文与其他各学科之间的相互渗透

众所周知，语文学科与其他相邻学科有着广泛而密切的联系。语文课本的内容涉及政治、历史、地理、物理等各门学科，而各门学科知识又必须运用科学、准确的语言文字来表述，因此语文学科教学必须注意与其他学科的沟通和渗透。一方面，教师要经常引导学生通过语文训练，掌握学习其他学科的钥匙；另一方面，还要引导学生在学习数、理、化、史、地、生等学科的过程中，把这些教材也作为训练语文的“例子”。这样做，有益于学科间相互促进，相辅相成，更有利于实现语文学科的主要教学目标，促进学生的全面发展。

洪宗礼认为，语文课中进行各科通用的学法指导是从更高层次上体现语文的工具性。从语文是学习和工作的基础工具这个意义上讲，语文教学的价值不只体现在提高学生语文能力上，更体现在学生德、智、体、美全面素质的提高上。为此，语文学科教学就必须注意语文学科与其他学科的沟通、渗透。当然，注意语文与其他学科的联系、渗透，并非取消或削弱语文和其他学科自身的任务，而是要力求相互为用，相互促进，相辅相成，更好地实现本学科的主要教学目标，促进学生的全面发展。比如，语文教学过程中教师可以指导学生研读理科教材中的定义、定理的表述，从中启发、引导学生关注其语言表述严谨的逻辑性。再比如，教师还可以指导学生像读论说类实用文那样去读文科类的章节，从中读出语言表述的形式、方法和规律等。也就是说，学生所学的其他学科教材都可以作为学好语文的“例子”来用，都可以自然而有机地促进学生语文能力和素养的不断提高。这样教学语文，不仅是把语文教活了，更是在充分发掘和利用学生身边的语文学习资源，以使语文教与学获得更大、更实的效益。笔者真心希望广大语文教师都能在实践中改弦更辙，就像洪宗礼那样高度重视语文学科与其他相邻学科有着广泛而密切的联系，扎实而有度地做好语文与其他各学科之间的相互渗透；自己把语文教好，也让学生扎实、睿智地把语文学好，直至他们能自主独立地会学语文。

（三）做好语文与生活之间的相互渗透

语文教育与社会生活有着广泛而密切的联系，在社会的大环境中，时时处处都可以学习语文，感受语文，运用语文。语文的外延等于生活的外延，就是在强调语文与社会生活这个“大语文”环境息息相关。它涉及政治、哲学、文学、艺术、自然等各个领域和方面。语文源于生活，社会生活的方方面面又无不需要运用语文工具。所以，语文教学虽然要以课堂为主要场所，但又必须置身于社会生活的宏观范围之中。要通过多种形式的课外语文活动，巩固、加深、扩大、活用课内所学的语文知识，把课内学习适当延伸到课外，从而既提高学生的语文能力和素养，又拓宽学生的知识视野。

这也是洪宗礼所一贯强调的。正因为语文与社会生活广泛联系，与平行学科互相沟通，所以语文教学就应当从教学时间安排上考虑到与学生社会活动、平行学科教学的协调、平衡，就应当在不增加学生过重课业负担的前提下，在国家教学计划规定的课时内，提高课堂教学的容量、密度、效度，以利于学生全面发展。同时，做好语文与“生活”彼此之间的相互渗透，还需高度重视五个“深度对接”，即与作者生活、课文生活（即情境、语境、意境、主旨、意图之类）、读者生活（包括读者的身份、地位、人文素养、审美情趣等）、生活情理以及学生的生命深度对接。

最后，笔者必须强调两点：其一，洪宗礼的“渗透”从来都不是呆板、机械的渗透，更不是拒绝学生生命、情感和心灵的“无机”渗透，而是教师积极引导学生、学生主动参与和实践的有机化、生命化、生活化的渗透。因为，语文学科内部的诸要素也好，与其他相邻学科、与社会生活广泛而密切的联系也罢，这些都不能直接转化为语文能力和素养，更不会直接升华为思想、精神、境界和人格。要想让这方方面面的要素“鲜活”起来，融为一体，都朝着学生“学文立人”这个核心发力，那就必须要有学生生命、情感、心灵的深度参与，就必须通过教师科学的引导和学生深入品读、观察、体验、感受、思考、思辨和感悟。其二，在新课程改革不断深化的背景下，我们必须认真学习和研究洪宗礼的“渗透说”，深刻而全面地领会其精神实质，并坚定不移地在教学实践中多环节、多渠道地加以落实和弘扬。我们必须追求这样的语文教学境界，即课内外诸要素都“鲜活”起来，融合在一起，成为一个有机的、生态的、生命的和生活化的整体，都在合力地、高效地、无痕地为学生的“学文立人”发挥着作用，最终真正实现整体化、科学化、生活化和最优化。

五、语文教学：学文立人的发端

洪氏“端点说”概述

中学阶段，各科教学的目的与任务，主要是为培养全面发展的人这个长远目标而奠定扎实的基础，创设良好的开端。

语文学科是塑人的学科，语文教学的根本目的是造就人、培养人，必须着眼于未来一代的发展，服务于人的综合素质的提高。按照为人的发展奠定基础和形成良好的起点、发端的要求，中学语文教学必须按照课程标准，把握恰当的度和量；教学内容和训练也必须适合青少年的认知规律、年龄特征、知识基础和思维状况。

语文学科是中学教育的重要基础课程和核心课程之一，是“基础的基础”。从纵向看，语文学习是个长过程，可以说贯穿人的一生；从横向看，语文是学习各门功课的工具，“发射”到方方面面，遍及各个领域。语文学习更应当成为学生未来发展以及在校学习其他课程的基础和发端。在这个端点上，学生不仅要学习语文基础知识，训练语文能力，培养语文习惯，而且要掌握学习语文的方法。为了达到这一目标，语文教学必须压缩体积，加大容量，提高密度，简化头绪，轻装上阵，在有限的教学时间内帮助学生获取终身受用的语文能力，养成运用语文的良好习惯。

语文教学，不能仅仅守住一堂课、一本书，而要使每一课、每一单元、每一册课本的学习，都成为学生未来发展的一个端点，成为学生广泛学习的一个扩展点；要充分考虑语文教学体系的合理性，知识和能力结构的完整性，能力培养的全面性，以及教学的容量和密度的合理性。评价语文教学的效果，不仅要看学生是否学完了一套中学语文课本，或者教师传授了多少语文知识，安排了多少语文训练，变换了多少教学方法，而且要看学生在中学语文学习这个端点上，为未来的发展和其他学科的学习奠定了怎样的基础，在未来从事工作、继续学习中运用语文工具拥有多大的潜能。

品读洪宗礼的“端点说”（又称“发端说”），再统观当下的中学语文教学现状，笔者认为，我们必须深刻反思自己的教学实践，深入学习、领会并坚定弘扬洪宗礼的“端点说”，扎实做好以下几点。

（一）要坚持语言本位观，有格、有序、有恒地进行语言训练

语文学科有很强的实践性和应用性，这决定了学生学习和掌握语文这个工具必须通过自己的“历练”。只有经过不同语境的反复的技能训练，语言运用才能达到熟练、牢固乃至巧妙的程度，才能转化成语言习惯，成为语言直觉。语文教学不应当只满足于语言的认知、理解和积累，还必须得重视语言的运用，也就是要强化语文训练。同时还要以训练为中介，促进知识向能力、素养转化，实现知与行的统一。这是洪宗礼一贯坚守的言语实践观。其无疑揭示了语文学科的实质和本务，也指明了语文教学守本务实、简约高效的出路。现在的一些语文课堂，花里胡哨的“亮点”多，浮躁热闹的“乱讲”多，变相灌输的“投影”多，真正实打实地训练学生表达、总结、概括、提炼等语言和思维能力的“正步操”却不多见。目前，学生的语言概括、提炼、加工和表达能力普遍下滑，这与我们的语文课堂严重忽视言语实践应该是有因果关联的。对此，我们必须给予高度关注和深刻反思。

（二）要着眼学生终身发展，合力打造能力和素养循序提升的链条

如前所述，洪宗礼向来非常重视打造助推学生能力和素养循序提升并终身发展的链条。其“端点说”强化了语文教学的目标意识，也启示我们必须重视教学目标，绝不可忽视甚或没有教学目标。在新课改的背景下，我们必须认真、深刻、全面地理解和把握洪宗礼的“端点说”，并在教学实践中扎扎实实地加以传承和弘扬，把每篇课文的教学目标都置于一个单元、一个学期、一个学年乃至整个中学语文教学阶段的培养总目标来通盘考虑，有计划、分步骤地科学安排，使这些不同层次的目标构成一个相互联系、由浅入深、循序上升的目标体系，构成一个“端点”环环相扣、节节明晰的“教文立人”的链条。为此，语文新课改必须充分调动课标制定、教材编写、一线教学等各个方面的因素，同心合力地来打造这根链条，以保证“教文立人”的教育理想得以科学、循序、高效地实现，为学生的终身学习、发展和做人奠基。

（三）要从不断“有限”中获取“无限”，充分发掘学生潜能

语文学科教学着实存在着很多的“有限”与“无限”：教科书的形式和内容是有限的，但其人文内涵却是无限的；一堂课的目标和内容是有限的，但它所要采取的教艺和应拓展的空间等却是无限的；教学中预设的问题是有限的，但因问题而激发起来的学生思辨却是无限的；语文学科的领域是有限的，但它所能辐射的天地却是无限的；一本书、一个学段的学习活动是有限的，但学生未来的发展却是无限的……

可见，坚持无限发展观并不仅仅意味着如何发现这些“有限”和“无限”，更要善于在语文教学实践中从“有限”中获取“无限”，以充分发掘学生潜能，最大限度地提高教学效益。当下的语

文教学，最大的弊端就在于很多语文教师在“有限”与“无限”的辩证关系的处理上缺乏洪宗礼的智慧，不明白处理好“有限”是基础和前提，只有紧紧扣住“有限”才有可能达到“无限”的境界，才算得上对学生的未来负责。很多语文教师要么在“有限”上机械、僵化、重复地兜圈圈，致使教学长期陷于“少慢差费”的境地而不能自拔；要么轻视甚至无视“有限”，随意盲目地应付考试；要么架空或绕越“有限”，搞“人文泛滥”的把戏，害语文更害学生。要改变这样的现状，我们必须用心学习和领会洪宗礼的无限发展观，而且还要扎实地践履。只有这样做，我们才有可能真正从“有限”中获取“无限”，充分发掘学生潜能，提高教文育人的效益。

总之，洪宗礼的“端点说”，就是主张要注重分析标与本的关系，把当今语文教学作为学生未来学习、运用语文的一个起点，把语文学习作为一个长过程，突出语文教学的“长期效应”。因此，我们一定要高度重视洪宗礼的“端点说”，梳理好语文内部多种要素，编写要素健全，序列性、系统性明晰的教材，构建序列化语文教学系统，为学生未来的生存与发展奠定坚实的语文基础。

对洪氏“五说”教育观的再认识

“五说”教育观是洪宗礼基于语文课程性质、特点与教学的复杂关系而进行的较为全面、系统的学科教育体系理论建构。在不断深化语文新课改的大背景下，重读洪宗礼的“五说”教育观，笔者深切地感受到其真理的光辉与重大的价值。

一、坚持语言本位观，明确语文教学的核心价值，为语文学科科学定位

对语文学科性质和价值问题的探讨，一向是洪宗礼的研究重点之一。与我国语文教育界对于语文学科性质的认识一样，自 20 世纪 70 年代末以来，洪宗礼对语文学科性质的理解也在不断深化、丰富和完善，但他毫不动摇地坚持“工具说”这一语文个性特质的立场则是一贯的，他对语文工具性所赋予的基本内涵也是明确的。他在“工具说”中强调，语言文字是思想文化的载体，语文教学所依凭的一篇篇范文不是一系列毫无联系的文字符号，而是通过

语言文字表达出来的极为丰富的思想文化。因此,学生在语文课上就不仅仅是学习语言文字本身,同时还要接受思想教育、精神陶冶,提高文学素养,丰富社会和自然方面的知识。不管语文教学的内容多么纷繁复杂,教师必须认识语文教学的核心价值是工具,从而努力帮助学生提高理解和运用祖国语言文字的能力,逐步养成良好的语文学习习惯,掌握终身受用的语文工具,为将来从事工作和继续学习奠定良好的基础。

可见,洪宗礼是一贯坚持语言本位观的,对语文教学核心价值的认识、对语文学科的科学定位都是很清楚的。这个本位就是,语文教师要始终把语文基础知识教学和语文基本能力训练作为语文教学的基本任务,把语言教育作为语文教育的基础和核心;这个语文教学的核心价值就是,培养和提高学生理解和运用祖国语言文字的能力,逐步让他们养成良好的运用语文的习惯,掌握终身受用的语文工具;这个科学定位就是,教师必须在传授语文知识和语文训练的过程中因文解道、因文悟道,自觉地对学生进行思想道德教育、人文教育、自然与社会方面的知识教育,从而提高学生的思想道德素质和人文素养,丰富他们的社会自然常识。换言之,思想教育、文学教育、知识传播、思维发展等只能是在教师教的是语文的前提下和语文教学的过程中顺理成章、自觉而有机地进行,只能是一种自觉的渗透和融入。

多年来的正反实践也证明,只有这样才有可能确保语文教学的本位和本务,才有可能使学生在“学文”和“立人”两大领域都实实在在地获益。现在有不少人误以为,语文教学重视语言训练就必然会丧失人文精神,而回归和弘扬人文精神最直接简便的办法就是以文学教育为主。表面上看,它似乎为语文教学找到了治病的良方,实际上这反而迷失了语文教学的根本。尽管目前大家对语文内涵的理解有许多分歧,但我们还是应该尊重它所反映的

“言”“文”一致的学科特点。

二、坚持文道一体观，坚定地弘扬文道统一、以文载道的传统

语文作为一门课程、一门学科，其教学目标不只是让学生单一地掌握语言文字这个工具，还应该以丰富多彩的教学内容来有机地渗透、融入文化教育和人文教育等。众所周知，语文教材本身就蕴含着深邃的思想和丰富的情感，如人文思想、哲学思想、政治思想、科学精神、生态观念和各种情感等。“文”与“道”始终是高度统一的。对于这个问题，洪宗礼一直是这样看的：学生在语文课上学习和掌握语文工具，不是孤立地读字典、词典，啃语法、修辞、逻辑知识（即使是字典、词典和语法、修辞、教材中的字词知识，也不可能完全离开意念而存在），他们读的是一篇篇范文，写的是一篇篇作文。这些范文和作文不是单纯的语言文字的机械堆砌，不是用不相关的字句任意凑成的，而是语言和思想、形式和内容的统一体，它总是包含着不同的思想感情，这样，学生在通过阅读范文和作文练习来学习和掌握语文工具的同时，必然会受到思想文化和情感的陶冶。所以，要想使语文教学归真返本，我们必须坚定弘扬文道统一、以文载道的传统，以确保语文教学不走样、不变质，守本、务实、高效地进行。

再从语言与文化的关系的角度来考察，我们也必须坚定弘扬文道统一、以文载道的传统。洪宗礼一贯认为语言也是文化，为此他曾明确指出：如果说语言是文化的产物，强调的是文化对语言的决定作用；语言是文化的一个部分，强调的是语言对文化的从属关系；那么，语言是文化的一种条件这一观点，强调的则是文化对语言的依赖性，强调的是语言对文化的决定作用。由此可见，语言与文化之间无论存在什么关系，它们都是紧密地联系在一起的，学习语言就是学习文化。再进一步讲，也可以说语言本身就是一种文

化,或者说是一种人类文明的象征。有了洪宗礼这样的认识,我们也就自然会在自己的语文教育实践中弘扬文道统一、以文载道的传统了,既教学生学好文,又教学生传承好文化。但坚持文道一体观,绝不意味着用人文教育、文化教育来架空语文教学,而是必须坚持语文训练与思想教育的统一,工具性与思想性(或人文性)的统一。

三、坚持整体综合观,追求语文教学整体综合效应,实施有效教学

语文学科的工具性质,决定了它与毗邻学科以及社会生活有着广泛的联系。语文学科教学的本务固然是培养和提高学生语文能力与素养,但其教育终极目标则与其他学科一样,都是为了培养人、造就人、发展人和提升人。这又决定了语文教学应当与人格培养的价值取向相一致,必须着眼和服务于未来一代的发展,服务于人的综合素质的提高。这也就决定了语文教学必须追求整体综合效应,实施有效教学。再者,语文作为多因素的综合体,在它的内部各因素之间存在着互相依存、互相制约的关系。这样看来,语文教学的一个重要任务,就是要最大限度地协调各因素之间的关系,努力实现优化整合,充分发挥其整体综合教学效应。鉴于上述思考,洪宗礼始终坚定地认为,对于语文教学这样一个纷繁复杂的多面体,我们必须运用系统思想,多角度、全方位地从宏观和微观的结合上,对其进行不同层面、不同维度深入细致的整体性研究,用心寻找语文教学诸种结构元素之间的联系及其最佳结合点,不断探求其规律性,并构建其学科体系;必须客观而辩证地分析各种矛盾关系,力求抓住它的主要矛盾,从而变烦琐为简约,变肢解为综合,使语文教学的各个方面、各种因素结合成一个和谐的有机整体,具有最合理的密度和最恰当的容量,能够发挥系统的整体功能

和综合的教学效应。

目前,中学语文教学领域存在一些误区,这些误区正严重地阻碍着语文新课程改革的健康推进,也造成了语文教学的繁芜机械、高耗低效。要想走出误区,摆脱被动,坚持洪宗礼的整体综合观,削枝强干,化繁为简,轻装上阵,返璞归真,追求语文教学整体综合效应,实施综合高效的语文教学应该是一个很好的出路。

四、坚持要素构建观,梳理语文内部多种要素,构建序列化语文教学系统

洪宗礼"五说"教育观的一个很重要的意图就是对语文教学做全方位、多侧面的研究,对语文教学中的诸多矛盾关系作辩证分析,谋求建立科学的语文教学结构体系和理论体系。"五说"力求运用系统思想和矛盾的法则,揭示语文教学内部诸多方面的矛盾统一关系,使语文教学中的文与道、教与学、知与行、学与思、内与外、标与本,实现辩证统一,从而发挥语文教学的整体综合效应,实现语文教学结构的科学化与最优化。

鉴于这样的认识,洪宗礼提出了自己的要素构建观,主张要梳理好语文内部的多重要素,构建序列化的语文教学体系。用他的话讲,就是分之系列清楚,合之形成整体,巧在合成适用。

当下的语文教学在梳理好语文内部多种要素,构建序列化语文教学系统方面做得就很不到位。不少教师心里只装着应试,想教哪篇课文就教哪篇课文,想教什么就教什么,想怎么教就怎么教,说不教就不教,混沌不清,无阶无序,高耗低效。当然,这也不能把板子都打在语文教师的身上,这也与有的教材要素不清、严重缺乏序列性和系统性很有关系。由此可见,坚持洪宗礼的要素构建观,梳理好语文内部多种要素,编写要素健全,序列性、系统性明晰的教材,构建序列化语文教学系统这个问题,应该引起课标制定

者、教材编写者和广大一线语文教师的高度关注和深刻反思。

五、坚持“模糊科学观”，把模糊的科学和科学的模糊真正统一起来

语文教学既有模糊性又有科学性，这体现了语文课程的又一特点。语文教学中，该精确的时候，精确是科学；该模糊的时候，模糊是科学。“模糊”是合乎科学的“模糊”；“科学”则是体现模糊性的“科学”。正确理解和准确把握语文教育既有模糊性又有科学性的特点，遵循语文教学自身的育人规律，努力把模糊的科学和科学的模糊真正统一起来，应当是提高语文教育教学效率的一条“捷径”，是语文教育的至高追求，也是语文教育走进艺术殿堂的必由之路。因此，语文教学不可量化，而是要特别注重引导学生感悟、品味和涵泳，要做到润物无声，这就是洪宗礼的模糊科学观。

在中学语文教学界，是洪宗礼首先提出了这个“模糊的科学”和“科学的模糊”的论断。为什么会提出这样的论断呢？因为在洪宗礼看来，语文教育有明确的目标、功能、要求、原则。语文内部各要素之间呈网状结构，具有显性或隐性的联系。在国家课程标准指导下，课文依据各学校各年级学生的需要严格筛选，有序编排。内容和训练需要有合理的度与量，各种文体应有恰当的比例，一切设计都应考虑适合学生的“学”与教师的“导”。语文与其外部的方方面面浑然天成，有难以分割的联系。从这些意义上讲，语文教育无疑是科学的。但是，只要我们一打开教科书，便会知道，语文实际上是一个内涵丰富的科学组合的“模糊”的整体。说它“模糊”，就是因为文章中的字词句都是表达思想感情的工具，语言文字和思想内容是融合在一起的。因此，洪宗礼又认为，在实际教学中，既需要进行必要而科学的基础知识教学和基本能力训练，更需要重视对文本的整体把握、整体感知，追求整体综合效应；根本没有

必要把内涵上已经有机地“化”入教材的各要素，再拆成“点点块块”的零料、碎片，更不要追求什么都丝丝入扣、投榫接缝。语文教学就是要充分发挥其科学性与模糊性统一的优势，以不断促进学生综合素质的提高，使其更能够服务于语文教育的根本目的——造就人、培养人，服务于未来一代的发展，确保语文教学与人格培养的价值取向相一致。

六、坚持和谐共生观，在教与学的过程中师生要形成合力

从本质上说，教学的过程就是实现教师主导性和学生主动性统一的过程，主要是由教师和学生两个功能体的双向交往活动来完成的。如果把语文教学看作整体，教与学则都是主体。可见，降低教师的主导作用无助于学生有效地完成学习任务。就语文学习的过程而言，学生应当是学习语文的主人，是语文学习活动的主体。教师对学习活动的过程过于生硬地控制，会使学生丧失主动性和独立性，在学习中呈消极状态。语文教学的着眼点，是提高语文教学质量和效率的关键，是要努力使教与学双边在语文教学过程中达到辩证、和谐、完美的统一。教师的“导”，要服务于学生的“学”；学生的“学”，需得益于教师的“导”。当然，必须做到教师的主导不致成为主宰，学生的主动不致成为盲动。正因为洪宗礼对师生关系有这样根深蒂固的认识，所以他一贯坚持自己的和谐共生观，主张师生在教与学的过程中形成双主体合力，努力实现课本、教师、学生三者完美、和谐的结合，从而促进师生和谐发展，获取最大的教育教学效益。

目前的教学实践中，很多教师热衷于应试型教学，也存在着过度放大学生主体作用、放任自流的现象。如果我们都能够充分认识并高度重视这一点，而且在语文教学实践中充分发挥教师的主导作用，充分调动起学生主体性，努力达到教与学的高度和谐

统一,局面就绝不会如此尴尬和被动。可见,要想使学生在学习过程中形成正确的价值观念、健康的情感、科学的态度,学好文也做好人,要想使师生在教与学的过程中都做到和谐发展,使语文教学的效益最大化,坚持并践行和谐共生观是一条十分重要的途径。

七、坚持言语实践观,倡导语文应用,有格、有序、有恒地进行语言训练

语文这个工具既是学习、工作、思维和交际的工具,又是承载和弘扬文化的载体。学生学习和掌握语文这个工具必须通过自己的"历练",同时还要以训练为中介,促进知识向能力、素养转化,实现知与行的统一。这就是洪宗礼的言语实践观。也正是在这种观念的指导下,洪宗礼一向倡导语文应用,十分注重言语实践,并且身体力行。从学科特点而言,作为交际工具、思维工具和传承文化工具的语文,对它的掌握并臻于熟练始终不可能脱离语言的工具性,重视语言训练理应是语文学习的必由之路。换句话说,任何脱离或忽略语言工具特点的语文课都算不上真正意义上的语文课。因此,语文训练必须"死去活来",语言训练必须有格、有序、有恒。其实,在基础教育中,语文与其他学科的区别也就在于,学习其他学科,语言只是一种媒介,只有语文学科的学习才需要研究并探讨语言本身,即不仅要理解它表达了什么,还要研究它是怎样表达的,以及为什么要这样表达。

八、坚持学思同步观,高度重视学思同步,拓展思维空间,发展思维能力

洪宗礼曾有一个著名论断:想,是听、说、读、写的总开关。鉴于这样的思考和认识,洪宗礼认为,在语文教学中,教师只有把语

言训练与思维训练有机地结合起来，进行科学有序的训练，才有可能最大限度地促进学生学思同步，同步发展其思维能力。他还认为，这种学思同步还很有益于学生语文能力的提高，语文习惯的养成，以及良好的思维品质和心理素质的发育。在具体实践方面，洪宗礼也为我们提供了范本：首先将语言训练的要素和思维训练的要素作分解，然后按照语言与思维同步发展的目标，找出两者的最佳结合点或最佳联系点，进而做科学、多角度、多层次的组合训练。有时“对口”训练，有时交叉结合训练，无论采取何种形式，都始终坚持语言训练与思维训练相结合，把思维训练贯穿于语文训练的全过程。

不难判明，洪宗礼的学思同步观为我们揭示了听、说、读、写表层下面的内驱（即“想”），也指明了语言训练的科学途径（即与“思”同步），甚至还为我们讲明了科学的操作方法。鉴于此，我们衷心希望洪宗礼的学思同步观能引起广大语文人的高度关注，并在教材编写和教学实践中严格落实。

九、坚持无限发展观，充分发掘学生潜能，提高教学效能

纵观洪宗礼的“五说”教育观，处处都充分体现了他的无限发展观。“工具说”确实认可语文的工具性，而且作为工具的语言和文字也是有限的，但却强调这语言文字内蕴含的思想、情感和文化等是无限的，教学生掌握语言工具、学会做人的艺术手法以及学生未来的发展是无限的。“导学说”认为，教师和学生两个功能体及其双向交往活动的目标、时空等是有限的，但却强调教师导引的智慧和艺术，学生在学力、能力、智力和品格等方面的发展与提升是无限的。“学思同步说”认为，语言与思维训练的形式、规律和方法可以是有限的，但是学生语言思维潜能和能力的发展却是无限的。“渗透说”认为，语文内部各因素是有限的，

但它们之间的互相依存、互相制约，语言形式与思想内容，以及学生的智力因素与非智力因素之间的密切相关、互相渗透等都是无限的，语文与其他学科、与生活的对接等也是无限的。“端点说”认为，语文教学中的一个学段、一本书、一堂课、一个目标，以及学生学习语文的规律和方法等都是有限的，但学生需训练的语文能力，需培养的语文习惯，需得到的发育、发展和提升，以及学生未来的发展却是无限的。

为此，洪宗礼主张，必须紧紧扣住这个“有限”，必须压缩体积，加大容量，提高密度，简化头绪，轻装上阵，在有限的教学时间内解决好学生终身获益的问题；要充分考虑语文教学体系的合理性，知识和能力结构的完整性，能力培养的全面性，以及教学的容量和密度的合理性。只有这样做，我们才有可能真正从“有限”中获取“无限”，充分发掘学生潜能，提高教文育人的效益。

十、坚持大语文教育观，让教学回归生活

洪宗礼坚持大语文教育观，主张语文教学要回归生活本源。其主要有以下两点认识：首先，语文作为边缘性工具学科，它与外部的社会生活以及其相邻的学科有着广泛而密切的联系，与社会生活这个“大语文”环境息息相关，涉及政治、哲学、文学、艺术、自然等各个领域、各个方面，而且社会生活的方方面面又无不需要运用语文这个工具。因此语文教学必须置于社会生活的宏观范围之中，要打通课堂的四壁，要把课堂的教与学适当延伸到课外，要通过多种形式的课外语文活动巩固、加深、扩大、活用课内所学的语文知识，从而既提高学生的语文能力和素养，又拓宽学生的知识视野。其次，作为语文课本主体的课文，其内容涉及政治、历史、地理、物理、化学、生物、音乐、体育、美术等各门学科，而各门学科知识又必须运用科学、准确的语言文字来表述，所以语

文教学要以课堂为轴心，要与其他学科相沟通、联系和渗透，这才符合语文教育的特点和规律，才有可能从更高层次上体现语文的工具性。

鉴于上述认识，洪宗礼一直主张，语文教学一定要与社会生活广泛联系，与平行学科互相沟通，在社会生活的大环境中，在其他学科的学习过程中，时时处处让学生体验语文、感受语文、感悟语文和运用语文。洪宗礼的教学实践证明，这种回归生活的教学，能够最大限度地调动各种有利因素，进而使之相互促进、相辅相成，发挥最大效益。不仅如此，这种教学还能够更好地促进各学科的主要教学目标的实现，从而促进学生的全面发展。为此，笔者认为，要想使语文教学工作超越传统的时空观，真正实现生活化、整体化、科学化和最优化，就必须切实从学生全面发展的需要出发，在教学时间安排上考虑到与学生社会活动、平行学科教学的协调与平衡。

品读

洪氏“双引”教学法

教文立人的一座智慧丰碑

洪宗礼的“双引”教学法，简明地讲，就是“引读”和“引写”。其含义有两层：其一是最大限度地调动学生学习语文的积极性和主动性，引导学生自己阅读和写作；其二是教给学生学习语文的规律和方法，引导学生广泛而熟练地进行阅读和写作。用洪宗礼自己的话讲，就是在老师的导引下，学生通过对一套教材中各类文章的学习，能够形成基本的阅读和写作能力，并养成良好的读写习惯；通过课内的读写训练，能在课外广泛而熟练地运用读写工具阅读一般的政治、科技、文艺作品和通俗期刊，能够写作记叙文、简单的说明文、议论文和常见的应用文。“双引”教学法是一个科学的系统，包括“引读”和“引写”两大子系统。其中，“引读”由重点读、主动读、深入读、仔细读、独立读五个目标和扶读法、设境法、提示法、读议法、揭疑法、反刍法、反三法、比勘法、历练法、小结法、激趣法、求异法、探究法、溯源法等二十三种引读法构成；“引写”则包括“死去活来”等八种引写教学思路、“引写十法”（知识引写、例文引写、情境引写、激思引写、导源引写、厚积引写、阶步引写、观察引写、活动引写、说文引写）以及“阶步训练”“读写思同步发展”“从读练文”“自主作文”四种引写模式。其中的“阶步引写法”亦称“三阶十六步”，“三阶”即基础阶、提高阶、灵活阶，每一个台阶再由十六个步点组成，从而引导学生拾阶而上，循序提高写作能力。通过反复、深入地学习、体验和实践洪宗礼的“双引”教学法，笔者越来越强烈地感受到，洪宗礼“双引”之下的这些目标、模式、方法等深蕴着他的教育智慧和崇高品格。

一、辩证的智慧

洪宗礼常讲，看问题不要偏激，做事情不要走极端，要有点哲学头脑，要讲点辩证法。综观洪宗礼“双引”教学法，其中导引、训练的种种模式与方法，无不蕴含着他对语文教学领域文与道、教与学、知与行、学与思、课内与课外、治标与治本等矛盾问题的辩证思考，无不闪耀着他朴素、辩证的智慧之光。

先说说文与道的辩证统一。洪宗礼一向认为，“确定语文的基础工具性，是语文教学的基点，也是语文教学改革的根本点和出发点”，并强调“只有确立了这一基点，才能客观地认识语文教学的性质、功能、目标和任务”。但是，洪宗礼同时又明确指出，“语言文字是思想文化的载体”，教材中的范文“不是一系列毫无联系的文字符号，而是通过语言文字表达出来的极为丰富的思想文化”，“学生在语文课上就不仅仅是学习语言文字本身，而且同时接受思想教育、精神陶冶，提高文学素养”，所以，“在语文教学中，教师必须在传授语文知识和进行语文训练的过程中因文解道、因文悟道，自觉地进行思想道德教育、人文教育、自然与社会方面的知识教育”等，以不断提高学生思想道德素质和人文素养，丰富学生的社会自然常识。洪宗礼认为，这就是文与道的辩证统一，也是我们搞好语文教学所必须遵循的首要原则。

再说教与学的辩证统一。在洪宗礼看来,“教学过程就是实现教师主导性与学生主体性统一的过程”,“教学,教学,就是教学生学”,“不仅要教学生学会,还要教学生会学”,在教与学这对矛盾中,从整体上看,教与学应该都是主体,但这其中教师的“教”应该始终处于主导地位。但是,洪宗礼又强调指出,教师的“教”永远只是学生“转化的外因”,而学生才是学习的真正主人,学生的“学”才是“转化的依据”。教师的导要导而弗牵,引而勿主宰,要服务于学生的学;学生的学,需得益于教师的导,以使“学生的主动不致成为盲动”。总之,语文教学提高质量和效率的关键,就是要“努力使教与学双边在语文教学过程中达到辩证、和谐、完美的统一”。

此外,对于知与行的矛盾,洪宗礼强调“语文教学只有坚持知行统一观,才能把知识转化为能力,逐步形成学生运用语言的习惯”,必须“正确处理讲和练的关系”,即精讲多练。对于学与思的矛盾,洪宗礼认为,教师的导、学生的学都必须依赖学生“思”(洪宗礼称之为“想”),都不可能孤立地存在于学生的“思”之外;反之,学生的“思”也不可能离开教师的“导”,也必须与学生的“学”同步。对于课内与课外以及治标与治本的矛盾,洪宗礼在他的“端点说”中也作过辩证的思考和论述,笔者就不再赘述了。总之,洪宗礼“双引”教学法蕴含着极为丰富的辩证哲学,那些看似寻常的模式和方法,处处都蕴含着这种朴素、辩证的哲学智慧。

用洪宗礼的这种辩证智慧来观照当下中学语文教学领域内的一些现象,就不难发现,那些一边倒地强化人文教育、架空课文探究人文精神,过度放大学生的主体性,任由学生自主学习、探究和发现,过分追求形式上的合作探究等极端教学行为,应该都是由于缺乏洪宗礼这样的辩证智慧所致。可见,在健康推进语文新课改的背景下,洪宗礼的这种朴素、辩证的哲学智慧有其重大而深远的价值和意义。这不仅仅是他对语文教学领域内诸多矛盾问题深入、辩证地思考的结果，还是他几十年在一线从事语文教学的经验和智慧的结晶，充分体现了一种实事求是的科学精神。同时，还深蕴着他对语文教学、母语教育规律的科学认知，深蕴着他对学生、对事业虔诚而深沉的热爱，深蕴着他对社会发展、时代进步和民族复兴的担当情怀。现在，我们正处在推进语文新课改健康发展的时代路口上，我们很有必要停一停脚步，好好地沉淀与反思，学习并吸收洪宗礼的这种辩证智慧。

二、师爱的智慧

有研究者认为，“双引”教学法是新课程建构与实施的策略，是求活、激思、质疑的教学艺术，充分体现了洪宗礼的教学机制与智慧。从课程建构与实施的视角来看，这样的认识无疑是十分恰切的。但我们不禁要问：洪宗礼为什么热衷于求活、激思、质疑呢？为什么坚决不肯生牵硬引，而非要坚持民主、平等、和谐地导引呢？理由很简单，就是洪宗礼要做从心底爱学生、“教文立人”的人师，而绝不是以我为中心、高高在上、传经授法的经师。既然要做人师，首先就得目中有真人，心里爱学生，就要真心地尊重学生，关爱学生，激励学生，发展学生。用洪宗礼的话讲，就是“手中有书，心中有人”。他常讲，“一个不爱学生、不爱语文的教师，是不可能教好语文的”。请留意一个细节，“爱学生”是排在“爱语文”之前的，这绝不是洪宗礼随口说出的，而是在心底早就这么排好序了。洪宗礼最清楚这“爱学生”三个字的分量，也最明白这对于一个教师而言，意味着什么。真爱学生，就不能背着、抱着、硬箍着学生学，那样的话，学生一辈子也成不了独立自主的人；但也不能图省心而撒手不管，让学生自己盲目、低效地瞎学一气，那样的话，不仅浪费学生的青春和生命，对学生踏实做人也很不利。为此，洪宗礼痴心于自己的“双引”教学，倾心研究学生，潜心建构这个系统，一心想着让学生在“学文立人”上获益最大。他从中国人学习母语的实际出发，主张在加强听说能力培养的同时，着力培养学生的读写能力，认真研究、改革阅读与写作教学的“双引”教学法，以探索科学化、最优化的语文教学结构。洪宗礼探索和建构“双引”教学法的根本宗旨就在于：在语文教学过程中辩证地处理教与学的关系、读写训练与思维发展的关系，激发学生学习的能动性、主动性，引导他们尽可能自己去探索、发现，去自主训练阅读与写作技能，逐步养成独立读书、作文的好习惯；同时尽可能把教师的主导性与学生的主体性结合起来，把学习过程中的“知”与“行”统一起来，最终达到“自能读书，不待老师讲；自能作文，不待老师改”的理想境界，实现从教到不需要教的转化，为学生将来终身运用语文工具从事学习和工作奠定良好的基础。

学习、研究和实践洪宗礼的“双引”教学法，笔者发现，洪宗礼的那些引读引写的模式和方法绝不是机械的、僵化的，而是处处体现着相机诱导的师爱智慧。其可谓心底总是装着对学生的真爱，时时处处为学生的自主学习着心用力，总是针对不同的教材、不同的教学对象、不同的学习状况，按照教学大纲和课标的具体要求，因文、因人、因时而定法，择机而诱导之。这种教学法与一般分解性的诱导式教学法有着本质的不同，它努力实现“教文”与“立人”的统一、治标与治本的统一、教与学的统一、知与行的统一，是具有宏观性、整体性、灵活性的大智慧和活智慧。可见，洪宗礼之所以要倾心尽力地建构他的“双引”模式，其根本动因就在于“真爱学生”。他的这些饱含“真爱”的语文教育观及其实践，实乃语文教学的大境界和大智慧，也是师爱的大境界和大智慧。

当下，我们的语文教学中屡屡出现的或左或右的极端行为，要么目中无人地死填硬灌或生牵硬引，要么以尊重学生主体性为名撒手“放羊”,其根本原因恐怕多是教师缺乏人师的爱心和智慧。如果没有一颗像洪宗礼那样的爱生之心,没有一种像洪宗礼那样的师爱智慧,纵使我们满身都是“高明”的教艺,对学生的学文立人、社会的文明进步、人类的和谐美好恐怕也终难有什么大益。

三、立人的智慧

洪宗礼一向认为,“语文教育事业是塑人的事业,育人是第一位的,教一辈子书,就要育一辈子人”,“以人为本,就是要把学生的做人和发展视为根本”。为此,我们必须“把育人的原则渗透到语文教学的每一个环节,贯穿于语文教学的全过程”。在他看来,语文教育的内涵不仅包括语言知识学习、听说读写能力培养,还应该包括充满诗意的美育和润物细无声的德育;不仅是语言的学习和训练,也是人格、人品、人性的磨砺、熏陶、发育和提升。洪宗礼的“双引”教学法不仅深蕴着“辩证智慧”和“师爱智慧”,还应该深蕴着“立人智慧”。

笔者认为,洪宗礼的“双引”教学法的核心价值就在于努力实现学生由“学会”到“会学”的飞跃,就在于使学生在学习、性格、意志、人格上都能成为真正独立自主的学习主体。我们不妨这样推论,没有教师导引下充分的自觉、主动、独立的“学会”,就不可能使学生真正达到“会学”的境界;而没有由“学会”到“会学”的反复实践、积累和升华,也同样不可能使学生很好地形成独立做事的能力和习惯,进而促进其自主人格和创造品质的良性发育与提升。在“双引”教学的实践中,无论是“引读”还是“引写”,洪宗礼始终坚持把教师的主导性和学生的主体性有机地结合起来,把学生学习过程中的“知与行”“学文和立人”统一起来,帮助学生把教材当作“学本”,引导、启发、激发、帮扶着学生主动地学,独立地学,自觉地学,去探索和发现,去练习读写的技能,逐步养成独立读写的习惯和能力,并在这个过程中循序渐进地塑魂立人。

在具体操作过程中，洪宗礼十分重视给学生“指路子、授方法、交钥匙”。“指路子”，就是在指导阅读时，教学生因文觅路，把握作者的写作思路，准确地抓住文章的中心。“授方法”，就是把阅读文章的方法教给学生，如默读、速读、朗读、精读、跳读等阅读方法，以及审题读注、圈点勾画、钩玄提要、思考辨析、查阅工具书、自读自测等操作方法。“交钥匙”，就是教给学生阅读文章的基本规律，如小说阅读要抓住故事情节和各种描写等。此外，在“引写”教学实践中，洪宗礼非常注重开源、体验、梳理思路、表达技巧等方面的引导，主张“死去活来”，鼓励学生在一定的写作规范下大胆写作，自主修改。对此，洪宗礼还强调教师要容得了学生犯常规和常犯规，要有足够的耐心指导和帮助学生独立自主地写作、修改。透过洪宗礼的这些说法和做法，我们不难看出洪宗礼那宏大、高远的教育理想，即在“双引”教学实践中塑魂立人。为此，洪宗礼还主张建立“我—你”型师生关系，而不是“我—他”型，更不是“我—他们”型。洪宗礼认为，只有建立这样的师生关系，才能真正确保学生作为学习主体的地位，以充分调动他们内在的学习动力。也就是教师应民主、平等，富有亲和力地导引着学生去自主地学习、探究，并且在语文教与学的所有环节乃至整个过程中都要这样做，否则，偏左或偏右都很难完成好教文立人的使命。

这里，我们不妨再走进洪宗礼“引读”策略中的一些“法”，来深入、具体地考察、体验、感受一番洪宗礼的立人智慧。如，设境法，就是根据学生在语文学习过程中定型化、自动化地去进行某种动作的需要或倾向的心理特点，创设一定的阅读情境，把学生的阅读时机、兴趣和情感激发出来，从而使他们乐读、善读、勤读，并逐步形成条件反射，养成阅读习惯。读议法，就是让学生一边阅读一边议论，一点心得，可以议论，一个问题，也可以议论；师生之间可以议论，座位前后左右的同学也可以议论；可以全班集体议论，也可以三三两两分散议论。该法要求议论紧密围绕教材展开,议论的内容必须与教学重点一致,要抓住重点,读议紧密结合,要把教师的主导性与学生的主动性有机地结合起来。揭疑法,就是鼓励学生提问题,并通过释疑,引导学生在分析问题、解决问题的过程中,提高思维的批评性、敏捷性和深刻性。该法要使学生既能在文章的关键处揭疑,又能在看似平常、实有深意的文字中揭疑。教师也可直接揭疑,以步步诱发学生思考,引导学生深入读书。反三法,就是让学生通过一篇篇课文的学习,掌握阅读一类文章的钥匙,并通过训练提高语文能力,真正发挥语文教材作为例子的作用。“反三”的过程是学生不断提高阅读和思考能力的过程,教师要在引导“反三”中,有目的地培养学生创造性地阅读与思考的能力。比勘法,就是把精读文章作为出发点,向四面八方辐射出去,使精读与参读相结合,巩固发展学生的知识,提高学生的阅读能力。小结法,就是根据教学要求、教材特点,针对学生发现、提出的主要问题,结合思考和练习中的重点题目,用不同方法进行归纳小结。

也有人据此认为,洪宗礼是坚定不移的“工具派”,但笔者认为,这只是看到了“双引”法之下的教学实践的表象,还远未深入其人文精神的内核——这种种模式和方法的背后所深蕴着的教育理想——教文立人。具体点讲,就是在“双引”过程中尊重学生,激励学生,发展学生,让学生的灵魂和人格站立起来!这就是教育家洪宗礼一辈子所坚守的立人智慧,也充分体现了他那博大而崇高的人文情怀。

洪宗礼的“双引”教学法可以说就是教文立人的一座智慧丰碑,对健康推进中学语文新课改有着十分重要的指导价值。在新课改的背景下,我们一定要深入学习、研究他的“双引”教学法,一定要在教育教学实践中好好地传承、弘扬和光大,不仅如此,更要在学习和借鉴他种种“导引之法”的过程中不断地感受和收获到他教文立人的智慧以及为人为师的高尚品格。

课堂教学:呼唤洪氏“引读”艺术的回归

笔者品读洪宗礼“引读”二十三法的相关教例,深受震撼,一种强烈呼唤意识充溢于怀——中学语文课堂教学呼唤洪氏“引读”艺术的回归。何出此言呢?下面我们不妨先来品味一下洪宗礼课堂“引读”的艺术特色,并由此入手来归因。

一、目标拟设明确而集中

请看,洪宗礼拟设的《一件珍贵的衬衫》的教学目标:

> 同学们,古往今来许多大学问家,都认为学习语文“贵在自得”(板书)。这就是说,学好语文,得靠我们自己。我们要逐步养成自学语文的习惯,掌握独立阅读文章、书籍的方法,就算今后离开学校,离开老师,自己也会读书看报。这该有多好啊。学会自读,终身受益!今天,我们通过《一件珍贵的衬衫》的学习,一起来研究自读文章的一般步骤和方法。请同学们打开课本,翻到第9页。

这堂课的教学目标是：师生一起来研究自读文章的一般步骤和方法。其可谓简明、具体、实在、适度而又集中，既便于落实，又容易高效达成；同时教师语言活泼自然，语气平和亲切，极益于与学生平等沟通，调动他们的积极性和主动性。通观洪宗礼“引读”的教例，无不体现了这样的特色，而且每课的目标都有一个明确的侧重点，课与课的目标还都根据学情讲求序列，循序渐进。请再看一篇“优秀教案”所呈现的《老王》的教学目标：

1. 知识与能力：品味作者平淡简洁而富有表现力的语言。

2. 过程与方法：学习通过几个生活片段表现人物的方法。

3. 情感态度与价值观：学习劳动人民的优良品质，并以平等和人道主义的精神关注他们的疾苦。

当下，这类“优秀教案”比比皆是。一篇课文教学硬要人为地分割出多个目标来，可以嫁接到任何一篇类似的课文上，又大又假又空又板着脸皮，令学生心生恐惧。这样的课堂教学目标几乎千篇一律，既没有体现课文的独特性，更没有顾及学情实际而做到有针对性和序列性。当然，有的课堂教学干脆就不拟设什么教学目标，且美其名曰让学生自主地真阅读、真发现，再去自主独立地真思考并真解决问题。我们不妨设想一下，这样的课堂教学怎能不效益低下呢？

二、课堂流程素朴而严谨

洪宗礼曾讲：“教师课堂上每讲一句话，乃至每用一个词，都要出言谨慎，反复推敲，不仅要加大含金量，准确、深刻，有哲理情趣，而且要语含温馨，要平易、朴实、亲切、自然，如话家常。”洪宗礼这样讲更这样做。他的课堂教学过程总是那么自然、素朴、本真、严谨。他的教学语言洗练平易、朴实无华、自然流畅、活泼温馨、充满关爱,从不虚套,更不装腔作势、花里胡哨,字里行间透着真爱与平等。这样课堂教学语言自然会使教师“教”和学生“学”始终沉浸在宽松和谐、生动活泼、积极进取的氛围之中,和谐而有效地向前推进。在这样的课堂里,学生都乐意与老师互动交流,并心甘情愿、真心实意地积极投入。品读洪宗礼“引读”二十三法的所有教例,我们能充分感受到这一点。

当下的一些语文课堂动辄“声光电”齐上阵,过度包装,刺激之后收获甚微;动辄让学生“合作探究”,“发表独立见解”,架空课文,空泛地发表议论。这样的课堂,所严重缺失的就是洪宗礼的自然素朴、生动活泼、清晰严谨、循序可控和有效推进。当然,也有一些教师只知整天死盯着中高考,把课堂搞得死气沉沉,毫无生气与活力。笔者真的很希望洪宗礼的话和他的实践能够让一些语文教师入耳入目更入心,并能转化为扎实有效的教学实践。

三、师生交流睿智而灵动

说洪宗礼的课堂教学睿智而灵动,首先是富有“引读”智慧。例如,教读《一双手》,他先后亮了三招:巧用半截松木,妙用一把尺子,咀嚼一个“裹”字。三招过后,张迎善那双大手一下子就具象起来,使得学生都能够更加直观、仔细地观察、感受和感悟。这样睿智地妙引,自然就会使学生一下子在心底画出张迎善那双厚实、粗糙、生动、有力的大手,进而真正用整个心灵去深入感受张迎善那朴实、美好的心灵,并实实在在地领悟到“用劳动创造美的那双手才最美”的道理,最终获得了灵魂的升华。这样引导学生深度观察、体验、感受和感悟,任何生动的讲解都不好替代,至于那些冷冰冰的“词语填空题式”训练(在“手”前填关键词之类)、泛泛一读即进行合作探究之类的教法,也就更是无法比拟了。

其次是极富“引思”智慧。例如，教读《人民的勤务员》，面对明白如话、几近一览无余的课文，洪宗礼把课文中“他寻找一切机会为人民服务”这句话板书在黑板上，问学生“这里为什么要用‘寻找’，而不用‘利用’，或者‘看准’‘抓住’等词呢”。这一问，便激起了学生的思维风暴。“风暴”过后，学生悟出“寻找”更为积极主动、更富有表现力，这一“特质”是“利用”“看准”“抓住”等词所不能比的。尝到了“于无疑处生疑”的甜头之后，在洪宗礼的引导和鼓励下，学生一个个又都来了神，一下子井喷式地涌出“课文为什么用《人民的勤务员》做标题？”“如果用《雷锋主动做好事》做标题呢？”“课文开头和结尾为什么要引用雷锋的一句话？”“课文为什么要记雷锋的六个小故事？”“如果只记三个、四个呢？”“为什么不记十个、八个，几十个呢？”等十几个“疑”来。洪宗礼就是这样长期坚持在课堂上启发和引导学生主动、递进、辩证、发散、创造地思考的，这构成了洪宗礼“引读”课堂的常态。也正如他所言：“课堂上，教师的语言，可以成为萌发学生思维的春风，也可以成为凋零学生思维的秋霜。机智的一语点拨，可以让学生的思维如久壅顿开的泉水汩汩流淌；一句轻声的责备，也可以熄灭学生思维的火苗。”

洪宗礼一直这样认为，也一直这样要求自己：智慧型教师不但要善于思考，更要透过学生的一言一行、一姿一容、一颦一盼来掌握其学习心理，有针对性地调动学生积极地展开睿智的思辨，使课堂充满智慧和灵动，进而使学生的独立思辨能力和自主精神都得到充分的发育和提升。当下的一些语文课堂往往并不缺乏问答和讨论，但却因缺乏引读和引思的智慧而失于空泛、漂浮、花哨和低效。看来，我们还真的很需要到洪宗礼那里汲取一些智慧和营养。

四、素质培养全面而有序

从几十年教学生涯中,洪宗礼先后摸索和提炼了扶读法、激趣法、设境法、诵读法、圈点法、提要法、自读法、点拨法、提示法、读议法、置疑法、反刍法、反三法、比勘法、速读法、小结法、精读法、探究法、求异法、赏读法、历练法等 23 种引读方法。他把这些引读法有选择地运用于课堂教学,多层面、多角度、循序渐进地培养学生的语文能力和素养。例如,“扶读法”一般用于起始年级,要求突出教师的诱导与启发、点拨与示范,注重“解剖麻雀”“用例子”,指导学生在掌握各类文章的基本阅读方法和基本阅读规律上下功夫,给学生“指路子、授方法、交钥匙”,为学生独立阅读引路;“诵读法”要求学生放声读,读得正确、流畅,沉浸其中,读出文章的味道来,努力达到“其言皆若出于吾之口,其意皆若出于吾之心”的程度,培养学生熟读精思的能力;“圈点法”要求学生一边读书,一边思考,将读书、思考获得的认识,用勾画圈点的方法标记出来,培养学生能圈会点、能评善论的能力。

很显然,洪宗礼之所以摸索、提炼出这些引读法,就是要做到有目的、有计划、有梯度地来用心培养学生的能力和习惯。用洪宗礼的话讲,究竟教给学生什么方法,要做到因人、因文、因时而异,一切都应该着眼于学生能力、习惯等素质的全面培养。

洪宗礼的课堂引读之所以具有这样的特色,说到底就是为了让学生在学习过程中掌握方法,形成能力,发育并健全那种自主独立、乐于担当和创造的优秀品格,就是为了更好地实现教文立人的教育理想。在洪宗礼心中,语文教学的终极目的只有一个,那就是塑魂立人。塑魂,即塑独立、自主、善良、博爱、正义、真纯、创造之魂;立人,即立人格健全,有民主精神、责任意识、公民素养、竞争观念、担当情怀、奉献品格的大写的真人。因此,在深化新课程改革的背景下,中学语文教学理应高声呼唤洪氏课堂“引读”艺术的回归。

洪氏“引写”：当今中学作文教学的路标

洪宗礼的“引写”之法包括“引写十法”和“三阶十六步”等论述，对中学写作教学颇具归真返本、务实提效的实践导引价值。要深入感受这一点，我们还须首先了解洪氏“引写”的基本特征。

一、注重引写

文无定法，成熟的写作高手或大家常这么讲。但是，中学生毕竟不是成熟的作家，对于他们而言，还是需要老实一些，即老老实实地接受教师的引导，扎扎实实地坚持循序渐进的训练。那么，在这个训练过程中，教师到底该如何引导学生做实做好这些呢？洪宗礼给我们开具的第一个“方子”是重视“引写”。请了解一下洪宗礼的“引写十法”：

一是导源引写法，即引导学生回归生活，留心自己的生活圈子，积极参加社会实践活动，利用课文教他们学会观察生活、体验生活，积极主动地反映生活。

二是厚积引写法，即引导学生平时多渠道广泛地收集积累各种写作资料，囤足写作的“粮食”，并在厚积的过程中自然地提高捕捉、提取、处理信息的能力和独立阅读与思考的能力。

三是知识引写法，即教师以知识为先导，运用启发式讲授精要的写作知识，同时引导学生总结写作规律，并独立运用这些知识和规律、按照特定的写作要求来练习写作。

四是阶步引写法，即按照学生学习的认知规律和写作学的基本原理，以及课程标准提出的写作要求，有目的、有计划、有步骤地安排训练程序，由低级到高级，由简单到复杂，由片段到整体，有层次地设计写作训练，扎实有序地进行训练。

五是观察引写法，即引导学生运用定点、移位等观察方法，观察生活、社会、自然、人物、事物和景物，从中获取自然、社会及人们自身方面的写作素材，并把观察过程与结果按一定要求写出来。

六是情境引写法，即教师把学生引入生活情境、物理情境和虚拟情境等，并在这些情境中激发学生触景生情，辞以情发，自觉地写出自己的切身感受。

七是激思引写法，即激发学生观察、想象、联想，或就社会、学校、家庭的某人某事某问题作多维思辨，思如潮涌，写出妙文。

八是例文引写法，即教师凭借课文或课外例文的典型解剖，以范文引路，引导学生借形取神、由篇及类、仿中有创地进行写作。

九是活动引写法(或称任务引写法)，即教师引导学生开展各种写作实践活动，如课外文学社、小记者采访以及办小报、建网站等形式，让学生带着“任务”，为达到一定目标而写作。

十是说文引写法，即教师引导学生先说后写，以说促写，边说边写或先写后说，以促进学生语言感受能力和书面作文能力双提升。

洪宗礼的“引写十法”绝不意味着穷尽了所有的引写之法，但它确实是从教学一线的真实土壤里生长出来的，符合中学作文教学的本质和规律，也确实是植根于学生真生活和真生命的，是在切实地唤醒学生的写作自觉，激发他们的写作热情，发育他们的写作智慧，可谓本真环保、务实有效。

二、建构模式

洪宗礼在一线教了 40 多年初高中作文，为落实好自己的“引写”理念，他根据教学实际总结、建构了几种作文模式，如阶步训练模式、读写思同步训练模式、从读练文模式和自主作文模式等。

阶步训练模式，就是以知识梳理和能力训练双线交叉作为序列，初高中各设若干台阶和步点，注意训练的合理序列，力求逐层深入，环环相扣，兼顾写作知识点的覆盖面和能力训练、思维训练的完整性，以充分体现中学作文训练的阶段性和层次性。其具体是把写作训练设为十六个专题，分为“基础阶”“提高阶”“灵活阶”三个阶梯，以便学生拾级而上，稳步提高。“基础阶”的十个专题，专门指导记叙文、议论文、说明文等各类文体的写作；“提高阶”的五个专题，专门指导各种表达技巧（包括提炼主题、谋篇布局、选词炼句等）的运用；“灵活阶”的一个专题，专门指导如何审题和临考阶段的适应性训练。

基础阶着眼基础，突出一个“准”字，即通过若干次专题指导和训练，有计划地复习巩固以前学过的记叙文、议论文、说明文、应用文等文体的基本写作知识和基本写作技巧，让学生把各类文体的写作方法和写作路子搞准确。提高阶着眼发展，突出一个“实”字，即通过几次专题指导和训练，使学生逐步掌握和巩固各种强化表达的方法，力求从立意选材、谋篇布局、遣词炼句等方面，把文章写得更深入、更扎实、更有色彩。灵活阶着眼综合应用，突出一个“活”字，即着重通过语言训练、审题训练和各种表达方法的综合训练，以及各类文体不同形式的作文训练，使学生能准确地掌握各类命题的意图，灵活而熟练地运用语言，准确、鲜明、生动地表情达意，真正把文章写活，从容应对多种形式的作文。

洪宗礼的这种阶步训练模式力求达到三点：一是科学有序。科学有序一方面体现在每个学段三个年级，起始年级（初一、高一）打好基础，过渡年级（初二、高二）发展提高，毕业年级（初三、高三）应用拓宽；另一方面则体现在每个年级每层台阶，由记叙到说明再到议论，由单项到综合再到深化。它遵循学生的认知规律，逐步发展，逐层提高。二是读写结合。以读文为基础，以写作训练为主轴，按照写作需要，阅读典范文章、同题例文，从中汲取营养，获得启迪。它以读为径，以写促读，提高写作效率。三是切实管用。让学生能自主阅读、自主写作，以达到“自能作文”的理想境界。

读写思同步训练模式，就是把语言训练与思维训练同步安排，阅读训练与写作训练紧密结合，体现了较高层次的能力训练。如注意把思维训练同语文学习和文史哲知识、自然常识等尽量融为一体，所选短文内容翔实、短小精悍，具有很强的知识性、趣味性、哲理性和启发性。为了配合读写思同步训练模式的教学实践，1993 年 9 月洪宗礼还正式出版了专项实验教材《写作与辩证思维》。该教材共列出 30 个系列专题，体现了 30 个哲学基本观点；同时还编入了 130 多则思维训练材料，每则训练专题包括“感悟哲理”“阅读选粹”“分析思考”“写作练习”四个训练层次。这一模式完整系统、步步落实、循序渐进地安排训练过程，把思维训练（尤其是要重视辩证思维训练）贯穿于读写训练的全过程，达到了在读写中培养学生的辩证思维，又以辩证思考来指导学生读写实践的教学境界，实现了学生的思维能力和语言表达能力同步发展。这套教材的实践价值深受一些语文教育专家的首肯和称誉，在国内当时的中学语文界产生了很大的影响。

从读练文模式，就是与教科书阅读教学同步，在各单元课文后，按照课程标准、教学大纲提出的作文训练目标编写系列化的写作知识短文并设计相应的作文练习。全套书共100个专题(亦称作文百课，高、初中各50课)，每个专题都把读写合成一个紧密联系的集成块，以学生的心理发展规律为主线构成由低到高、由简单到复杂的训练系列。

自主作文模式，就是打破单一课堂作文的框框，以课内为端点，把作文拓宽到课外生活的方方面面，把作文的自主权放手交给学生，以课外作文训练为主。课内教师着重进行规划、点拨、授法、评价等引导。写什么、怎么写、写多少，虽然可受课堂上师生共同的“规划”的制约，但原则上学生可以自主确定。他们可以随时写下生活中所见、所闻、所感、所思，大至家事、国事、天下事，小到吃喝玩乐，无所不写。同时文体不限，形式不拘，篇幅不限，可天天写，也可想到才写，真正使学生做到了说真话，写真事，抒真情。不难看出，在处理好放与收、课内与课外等方面的关系的前提下，这种模式不仅会使学生的作文具有鲜明的个性，而且还会大大“松绑”，真正激发起学生写作的热情和兴趣，使他们获得写好作文的真能力。

可见，洪宗礼所建构的这些写作教学模式，确保了写作教学的可控、规范、有序、开放、自主和高效。考察洪宗礼当年的“引写”教学实践成果，也确实充分体现了这一点。

三、融通读写

洪宗礼的“双引”教学法的显著特色就是将阅读教学与写作教学融为一体，读中有写，写中有读，读读写写，写写读读，紧密结合，互相促进。这一点，前文已略有提及，下面我们继续作具体、深入的考察，看一看在教学实践中洪宗礼到底是怎样始终高度重视并切实抓好的。

以读导写，是指在常态性的阅读教学中始终融入写作指导，结合课文教读有计划地渗透必要的写作指导与练习。如，解题时，可适当指导学生审题；分析文章结构时，可指导学生布局谋篇；归纳中心思想时，可指导学生学习立意取材和表情达意的方法；讲解字词句时，可指导学生炼字造句；欣赏艺术手法时，可设计现场“照猫画猫”的写作练习。不仅如此，在阅读教学中还可以经常联系到学生写作中出现的问题，从矫正的角度再适当进行“以读导写”。当然，洪宗礼同时也强调，这种以读导写，绝不是要把阅读课上成单纯的写作指导课，把所有课文都变成学生仿写的范例，处处牵强附会地联系写作，致使学生把握不住阅读物自身的文化内涵和艺术特色。我们要做的是，根据教材的特点和重点有选择地、恰如其分地对学生进行有机化的写作指导，把文章的精髓转化成写作营养。

从读练写，是指在阅读教学中，指导学生借鉴范文进行写作练习，现学现用，学用结合。首先，要制订好周密的计划。在计划中明确各单元、每篇课文读写两方面的要求和“结合”的重点，精选好内容、语言、写法上有明显特色、与学生的实际写作水平相适应的从读练写范文，并做好统筹安排，使“从读”和“练写”的组合与配对尽量一致，做到读写两线交叉、互相配合，有主有从，形成一个紧密结合的较完整的系统。其次，要选择不同的角度和方式。内容上能给学生深刻的教育、感情上能深深感染学生的范文，就从思想内容着眼，指导学生写体会、读后感、随笔、日记之类的文章；在结构和写法上有明显的特色，学生易学易仿的范文，就从写作技巧着眼，指导学生模仿课文的写作形式，来反映自己的生活和周围的事物；构思新颖、思路开阔的范文，就从思维训练着眼，指导学生在课文启发下，通过习作开拓写作思路；语言优美，写景、状物用词非常准确、形象、生动的范文，就从语言文字着眼，指导学生学习借鉴课文的语言，描写景物。当然，从读练写并不要求包罗全册课文，也不必篇篇落实。如一些较长较深的论文、鲁迅杂文、诗歌、文言文等，虽然也可以从某个角度、某一知识方面“从读练写”，但内容、写作、语言都与学生写作实际距离较大，就可以仅着眼于阅读训练，培养学生阅读、理解的能力，不必考虑从读练写了。

抓写促读，是指在常态性的写作教学中，从命题、指导到批改、评讲，教师都要有意识地联系阅读教学，让学生在写作训练中加深对课文的理解，更好地巩固阅读课上学到的语文知识，提高阅读效果。抓写促读训练必须在写作教学的各个主要环节上，根据各阶段写作教学的要求和特点，有目的、有计划地进行。在教学实践中，洪宗礼一方面采用多种多样的形式结合课文，如紧扣课文内容出题，让学生写读后感、体会、杂感，或扩写、缩写、改写课文。这样的作文命题重在消化课文的思想内容，让学生反刍课文，以加深对课文的理解，同时也使写作成了学生阅读的一个动力。另一方面，洪宗礼充分利用写作指导课引导学生通过写作练习来巩固、消化和运用范文中所学到的知识，并有目的地引导学生重读课文，类比启发，示范导引，把所学的写作知识恰当地运用到自己的习作中去。

四、找到“活路”

洪宗礼历来主张作文教学一定要找到一条“活路”，要采取生动活泼的方式引导、启迪学生自己循标探路，联系生活独立地写作文，特别是要能激发学生写作中的创造思维，使作文与创造思维“联姻”。为此，洪宗礼提出了自己“引写”教学的初步思路，共包括八个方面：一是让学生自己到生活中去找“米”，建立自己的“粮仓”，完成知识积累、情感积累和语言积累；二是鼓励学生“我手写我心”，要说真话，记真事，抒真情，做真人；三是允许学生有规有

“犯”,画地不设牢,既要按照基本规范来写作,又要留给学生独立思考的空间,允许学生“犯规”,写出自己的个性;四是作文教学训练程序要有序列,讲求科学性,不宜过于烦琐;五是让学生在写作前自由阅读与本次作文有关的大量资料,吃饱喝足;六是指导和帮助学生上网搜集写作材料;七是让学生打开“想”这个总开关,始终引导学生去想,发挥无穷的思考力;八是结合阅读教学,引导学生重视观察生活、自然和社会,逐渐养成良好的观察思辨习惯。洪宗礼认为,这八个方面就是作文教学的基本“活路”,必须首先要找到,而后还要严格落实,否则作文教学真的就会走进死胡同。

对照洪氏“引写”,当今的中学作文教学现状真可谓“乱象”堪忧。从初一到初三、从高一到高三,几乎都是在瞄着中高考作文命题的方式逼着学生死写死练所谓的“仿真作文”。没有了以读促写,没有了入格定型,没有了沿阶举步,没有了循序提高,有的只是所谓的中高考夺高分秘籍和套路。那么,“出路”与“活路”在哪里?笔者认为,洪宗礼的“引写”策略和方法本真、务实、有效,最切合中学作文教与学的实际,应该能够引导我们找到理想的“出路”与“活路”,理应成为当今中学作文教学的路标。

品读

洪氏“三一”教材观

实效:语文教材必然的理性追求

编写语文教材就是为了能实实在在地提高语文教学效率,洪宗礼常这样讲,他的“三一”教材观更充分体现了这一理性追求。为了更好地说明这个问题,我们不妨先领略一番洪宗礼的“三一”教材观。所谓“三一”,即“一本书”“一串珠”“一条线”。

“一本书”,是说语文教材不按读、写、知分编课本,每学期只用一用教材,而全套教材是一个整体结构的有机教学系统,是一个“大”的读、写、知综合体。它的内部包括阅读、写作、语文基础知识三个子系统。每个子系统又依据中学语文教学大纲的要求,按照由浅入深、由低到高、由简单到复杂的认知规律,安排经过优选的大体相等的知识点和能力训练点。这些知识点和能力训练点基本上都纵横联系、互相沟通,比较合理地组合在相应的单元里,形成泾渭分明、循序渐进的训练网络。这个网络中的各条知识线、训练线“分之则系列分明,合之则相互为用”,体现了整体性和系列性的和谐统一。

“一串珠”，是说全套书共有36个“珠”式单元。每颗“珠”，既是一单元的读、写、知配合训练的小综合体，又是全套教材整体训练系列中的一个阶段训练点。点点相连，形成系统，珠珠相串，结成网络，把语文教学多元目标、复杂内容科学而合理地组合起来。每个“珠”式单元均以课文为例子，把传授语文知识，提高语文能力，培养语文学习习惯和帮助学生掌握学习语文的方法等紧密地结合在一起，形成具有整体综合教学效应的“集成块”。“珠”式单元既是字词句篇、语修逻文、读写听说的综合训练点，又是由课内向课外进行延伸性学习的扩展点，也是使学生获得语文知识和能力，养成语文学习习惯，掌握语文学习方法，向未来发展的端点。

“一条线”，是指贯穿全套教材的以读写听说能力训练为主的多股交织的集合线。它包括语文能力训练线、知识结构线、思维发展线和学生学习语文心理发展线。在这条线的统摄下，多方面的教学内容各有自己的适当位置，配合得当，且由这条线串“珠”成书，形成层层递进的螺旋式的训练序列。

通观洪氏“三一”语文教材，再品读洪宗礼的“三一”教材观，我们不难发现，追求实效这条理性的线索始终贯穿其中，可概括为以下六个特点：

一、典型

洪氏“三一”教材的选文和思考训练具有典型性，可以举一反三，以少胜多，以简驭繁。洪氏“三一”语文教材的课文都是文质兼优的名家名篇，都是堪为语言学习的典型“例子”，并注意了适当编选时文、实用文，基本都达到了“弘扬中华优秀文化，吸收人类进步文化，尊重多元文化，注入时代活水”的要求。同时，优选范文，不以新老画线，一些经过百年考验的传统名篇不仅保留，而且按新的理念和要求编出新意，或与新选课文科学组合，形成新的特色。新开发的课文，则精选细磨，好中选优，尽可能选出文化内涵丰富、时代气息浓厚的力作，如《事物的正确答案不止一个》《都市精灵》等，而不去追求什么“时文效应”。总之，为凸显教材典范化和最优化，选文和编排重视中华优秀文化和人类进步文化以及多元文化的融合，注重人文精神和科学精神的统一，注意题材、文体、风格多样化。如，七年级上册由亲近文学、金色年华、民俗风情、多彩四季、走近科学、奇思妙想六个主题单元组成，选文内容包含了人与社会、人与自然、人与文化和人与自身等方面；体裁式样有诗歌、散文、小说、童话、科普作品，也有实用文；从作品风格、类型来看，既有大师的厚重、高雅的经典作品，也有反映民俗风情、富有理趣的通俗小品、民俗对联和贴近校园生活的实用文。这种选文的典范化无疑既保证了教材的“语文性”，也保证了教材的“人文性”，有益于教师在教文的过程中逐渐培育学生的人文素养，最终实现教文立人的教育理想。

二、简约

所谓简约，即坚持辩证唯物主义的质与量的统一，追求语文教材的高效低耗；就是通过范文和知识点的优化选择，教材内容的合理组合以及知识的延展功能的发挥，用较少的教学时间获取最佳的教学效果；就是凸显教材的语文性，以教师教好语文和学生学好语文为本务，注重在教文的基础上和过程中自然、灵活、有机地渗透并强化人文教育，尽可能减少精神文化的包袱，不自作多情地增加负担。洪氏“三一”语文教材就达到了这样的要求，实现了教材的精化、简化和优化。其具体可概述为：知识点、能力训练点的组合尽可能合理、科学、有效，具有综合性和延展性；语文知识传授、读写听说能力训练及习惯方法培养的分项安排，均留有余地；教读、扶读、自读三类课文安排宽绰；“思考和练习”及语文知识的应用训练基本上可在课内完成。过去一些语文教材存在着课文过满、人文泛滥、内容不够简约、语文教学的“本务”不够突出等弊端，这对教师教好语文和学生学好语文都是不利的，对学生发育健全人格、提升人文素养、学会做人等也未见得真有什么益处。

三、整合

洪氏“三一”教材的编者从结构整合入手，巧妙地把 36 个主题单元多维多角度地整合成一个语文综合实践系统。其中，纵向系列包括阅读、写作、口语交际、语文实践、名著阅读等多条线，分之系统清楚，合之相互为用。在这个整合系统中，读写是主干，是双翼，口语交际、语文实践活动、名著导读都交叉有序地与读写融为一体，其结构为单元主题词+精/略读+诵读欣赏（包括古代诗文、现代诗和“文笔精华”）+写作（以读导写、以写促读）+口语交际或综合活动。这种整合化教材编写体系无疑确保了每篇课文本身就是一个读、写、知的小综合体，每册书是一个较大的合成性整体。这些大小不同的综合体被一条多股交织的线串联起来，把知识、能力、思维、学生心理发展等统摄于一个有机的完整的综合系统中。这样一来，教材不仅把各种分解能力训练点和知识点融合在了一起，而且与社会生活、平行学科紧密联系，互相沟通，从而形成了一个时空开阔的“语文互联网”，更易于对学生进行综合影响，最终达成全面提高学生语文素养的课程目标。

相较之下，笔者认为，整合化的洪氏“三一”教材虽然内容并不多于分解性教材，但却能够最大限度地发挥课文资源的合力功效，进而循序自然、扎实到位地达到教文立人的理想目标。

四、循序

洪氏“三一”教材的编写者力图运用系统的思想，从整体上改革旧的中学语文教材体系，探索了多元多角度组合，知识、能力、思维发展、认知心理规律多股交织的序列。全套教材共分六册，依据大纲、按照初中学生学习语文的心理特点和认知规律，科学而有次序地安排了课文、能力训练和语文知识的内容。这些经过优化选择的课文、能力训练、语文知识的内容，紧密而有机地结合在相应的单元里，形成泾渭分明、系列清楚、协调匀称、序列化的训练网络，让知识、能力、思维互相配合，同步协调发展。不仅读写能力和读写知识都形成序列，就是语文习惯的培养也形成了一定的序列。仅初中阶段就结合相关单元课文教学，安排了查字典、朗读、默读、速读、摘记、写日记、提要钩玄、品评文章等二十几种习惯。同时，每个“合成”单元是字词句段篇、读写听说思的综合训练点，又是由课内向课外进行延伸性学习的扩展点，也是使学生获得语文知识和能力，养成语文学习习惯，掌握语文学习方法，向未来发展的端点。这种序列化充分体现了多元多角度组合和多股交织安排序列的设计思想，很符合汉语文特点和中国学生学习语文的认知心理的科学顺序。最为重要的是，这种序列化确保了教材体系的脉络分明以及学生能力和素养提升的循序渐进，既有利于有机、循序、高效地进行“听说读写思”训练，又有利于自然、灵活、有机地强化人文教育，从而收到扎实推进的教文立人之功效。

五、实用

洪氏“三一”语文教材在知识系统、范文系统、作业系统及助读系统等方面都突出了实用性。知识系统的编写内容和设计力求简化、浅化、精化、优化，所有的知识点的安排都紧扣范文。如“语法知识”

采取“单元小集中”的方法，结合单元课文，有序列地安排，让学生结合语言材料学习语言规律，真正学到“精要、好懂、有用”的知识。范文系统注意选文少而精，篇幅短小，时代性强、可读性强。每册课文，仅30篇文章。每单元课文分教读、扶读和自读三类，编排上体现“先教后扶再引读”。教读课文大多是传统名篇，扶读和自读课文大多是贴近学生生活的时代性强的文章，而且篇幅一般较短。全套教材180篇课文中，除100篇基本课文外，其余80篇自选课文，篇幅在2000字左右。作业系统除每课精编练习外，还编写了与课文配套的单元教学目标检测题。每课、每单元的练习，做到了少而精，恰当把握练习的量和度；做到了活且实，庄重而不乏灵活，严谨而富有理趣，题目措辞人性化，有助于学生与文本和谐对话；做到了知情义结合，人文工具“一张皮”，避免纯技术训练；做到了致用，重在引导学生理解课文内容，体会作品感情，应用语言，迁移知识。助读系统做到了“三引进”：第一，引进教学目标。每个单元前有“单元教材支配表”，每篇课文前有学习重点提示和预习要求。第二，引进教法。每篇课文都有诱导式的读前、读中提示以及读后思考和练习，提示从初一到初三由实到虚，由详到略，由扶到放，让学生逐步学会“自己走路”。第三，引进学法。编入“阅读方法和习惯”的学法指导短文48篇，凡23个专题。大多数单元都围绕单元写作重点结合课内作文，设计了“课外练笔”，对学生的语文课外活动做了具体而灵活的安排。同时还结合单元教学内容配编了“图书箱”，有重点地介绍与课文有关的重要作家作品，并提示课外阅读整本书的方法。助读系统的这些设计，为学生树立了学习语文的“路标”（单元教材支配表），交给了学生学习语文的“拐棍”（读前、读中提示，预习提示）、“钥匙”（阅读方法与习惯）和自测学习效果的“尺子”（单元教学目标检测题）。这些都充分体现了“三一”语文教材实用化的特色，可以说，不同地区、不同层次的教师都易于使用，并教出实效。

六、开放

所谓开放,是指语文教材必须建立在突破封闭型的教材模式的基础上,要能够使整个语文教学成为一个开放系统。在洪氏“三一”语文教材中,阅读、写作、语文基础知识三方面融于一书、化为一体,做到了读、写、知同步结合,以读导写,写中有读,具有较强的渗透性、开放性。洪氏“三一”语文教材还向学生的自主学习空间开放,课文安排给学生留足自主学习空间,每册书的主体课文一般只有25课,有些单元留空1至2篇,让师生自荐课文;向语文学习个性化开放,按照各年级学生的学习心理、认知特点、能力差异和学习需求,分别采用适当的主题单元形式,构建各具特点的组合模式,凸显语文学习的个性化。此外,教材中“跨领域探究学习情境”和“综合实践活动”这两个板块也都很好地体现了开放化特色,为教师进行开放性的语文教学活动提供了指导和依托。总之,这种开放化使教材系统中的诸要素有机整合,交汇融通,更有利于教学中知行结合、智能结合、课内外结合、师生结合,也为师生进行双向、多向交流,改变封闭教学体系创造条件,进而大大提高教文立人的效益。

综上,笔者认为,实效一直是洪氏“三一”语文教材的理性追求。如果我们真的能够深入学习、研究洪氏教材观,并在教材建设方面加以借鉴、弘扬和发展,我们也就不愁语文教材对提高语文教学效率的功效问题了。

务实:语文教材编写的根本出发点

通观洪氏“三一”语文教材,再认真品读他的“三一”教材观,我们不难发现其“三一”语文教材编写的根本出发点——务实。这种“务实”可概括为“五个坚持”。

一、坚持教文立人的人本性

在洪宗礼那里,教材编写要以学生发展为本,务必使他们既能学好文,又能立好人,这是第一位的。早在 20 多年前洪宗礼就指出:尽管语文教材必须首先姓“语”,但语文教材的内容又必须在形成学生辩证唯物主义世界观方面起到潜移默化的作用,在弘扬民族精神、提高民族素质方面产生积极的影响,要有利于学生更好地了解和继承我国优良的文化传统,提高思想和文化素质。他坚信,如果真正选准了文质兼美的文章,教材编辑设计又注意文道统一的教学原则,那么在完成提高学生语文能力、掌握语文工具任务的同时,语文课是一定可以渗透思想文化教育的。为此,作为教材主编,他还特别对教材编写者提出了要求:每个优秀的教材编者都要有教育家对后代高度负责的精神,有战略家高瞻远瞩的眼光,有科学家严谨求实的态度,有哲学家深邃的思辨和睿智,有艺术家无穷的超人魅力,坚持精编、精研、精改,以严格、严肃、严谨的科学态度,用学养、智慧、经验,把语文教科书编成一流的卓越的"特殊精神产品"。

再从洪氏"三一"语文教材的自身来考察,我们不难发现,编写者始终把教师教学生学会和会学放在首位,力求在这个过程中启动学生主体内驱力,让他们在系列、有序的实践进程中自我构建,掌握科学有效的学习方法,形成良好的学习态度和习惯,进而渐进性地发育他们的思维能力、自主人格、创造品格、独立精神和人文素养等,最终实现"铸魂立人"的教育理想。很显然,这样的"以学生发展为本",既充分体现了语文教学的核心价值——培养学生的语文能力和素养,又紧紧扣住了语文教学的终极理想——铸魂立人,这是十分符合语文教学的本质规律的,是非常务实的,是在坚守语文性的基础上的坚持教文立人的人本性。

二、坚持有机合成的整体性

洪氏"三一"语文教材又称为单元合成型教材,它的主体仍然是教读、自读课文,主要是借"课文为例子",通过听、说、读、写多种语文能力训练,特别是文感、语感、情感的训练,来帮助学生掌握语文工具,培养思维习惯和语文习惯。教材中的每篇课文本身就是读、写、知的一个比较典范的小综合体。各单元是一种"珠式"综合体,一本书又是一个较大的合成性整体,把知识、能力、思维、学生心理发展等统摄于一个有机的完整的合成性系统中。教材呈网式结构,串"珠"成"书"的"线"的本身又是一个科学的有序的系统,既有集合线的总序列,又有知、能、智各股线的分解序列，而且总序列与分序列是按照语文教学内部规律组成的密切结合的有机系统；同时，教材还吸收了分科性教材知识系列清楚、练习设计多样化等优点，并做到了课文、练习、教法、学法兼容，能力、知识、心理发展同步，课内学习与课外学习相通，学与思结合。这样一来，教材就把知识、能力、方法、习惯以及知情义有机结合在一起，统一在一个整体之中了。尤其需指出的是，教材还将语法、修辞、文化文学常识、阅读方法和习惯等均融入读写过程之中，突出读、写、口语交际这三个主教程（不再单独立项），这就克服了分编教材（如读、写、语修逻分编）“繁、难、多”的弊端，也有利于减少重复，减轻学生的学习负担。再从教学内容的维度来考察，“三一”语文教材能够有机、合理地融入语法、修辞、逻辑等知识教学，尤其注重始终将课文、写作、口语、实践活动作为综合体，按知识与技能、情感态度与价值观加以整合，这又会形成强大的思想和人文教育攻势，突出对人的思维、思想和精神的影响。

三、坚持教师引导的主导性

洪宗礼的“双引”教学就是教师的“引读”和“引写”，这在洪氏“三一”教材中体现得最为明显。如在阅读训练中设计了“引读程”，在写作训练中设计了“引写程”。在“引读”与“引写”中都有层次、有步骤地教给学生阅读和写作的方法与习惯。“读写程”中，教读课文都有读前、读中、读后提示，交给学生读书的钥匙。不仅如此，洪氏“三一”语文教材起码还做到了以下几点：

1. 选择了精要、好懂、有用的语文基础知识。字词表、语法简表、修辞简表、应用文示例、口语交际知识既单独分块呈现，又渗透在六册的教学中。

2. 选择了文质兼美、适合教学的课文及具有范例性的阅读训练材料。

3. 选择了指导性强的写作训练材料。其选取标准为:有感而发;说真话,写真情;从生活中找米;观察和描写景物特点;简单说明小制作;想象;观察人物特点;写出人物个性;记事写人线索清楚;观察和说明事物特点;抓住事物特点,介绍动物等。写作训练指导性强,有内在的能力发展线。

4. 选择了实践性强的听话、说话训练材料。调查报告显示,初一、初二的大多数学生认为口语交际的话题题材好,开放性强,便于学生把握。

5. 比较科学地设计了语文学习活动。有语文基础知识学习活动、阅读活动、写作活动、听话说话活动、综合学习活动等,既渗透在各课的学习中,又有单独实践的内容。

再有,就"一串珠"和"一条线"的本身而言,也都是着眼于如何充分发挥教师引导的主体性的。洪宗礼曾指出,"在教与学的矛盾统一关系中,教师的'教'始终处于主导的方面",始终承担着"培养能力、发展智力、诱发动力"和"传道、授业、解惑、交法等多重使命"。洪宗礼始终强调教师要适度地引导,要得法地教授,要先立足把学生教懂教会,而后再慢慢地放手,或者说教的同时就在为慢慢放手作准备。可见,洪氏"三一"语文教材对教师如何合理、适度地发挥"主导"作用,如何引导学生自主、有序、高效地开展语文学习活动等都是十分有利的。其不仅会对教师合理、适度、有序、灵活地"导学"有益,还会对确立教学过程中合理的师生关系有益,更会对教师"教文立人"和学生"学文立人"产生积极的效益。

四、坚持科学有效的实用性

洪氏“三一”语文教材从便于教师使用出发，把大纲确定的190篇文章作为教材的主体，并通过引读、导写、单元训练设计等，把新大纲的各年级要求具体化，并以部定190篇为重点“辐射”开去，让学生“参读”。此外，教材还作了多侧面的教学设计和教学安排：各单元前都列有“单元教材支配表”，划分了每个单元读、写、知教学时数，按大纲要求列出了一单元语文能力训练、知识传授的主要目标、要求，对本单元的训练要求、重点、课序、课时都提出了具体建议；所有教读课文都编写了读前提示、读中提示和读后提示，是比较具体的导读资料；写作训练的知识讲解、作文训练参考题或作文训练范围，都做了比较具体的安排，既是比较实用的作文教材，又是可资备课参考的教学简案或作文教学设计方案；每单元之后都安排了专项和综合的应用性训练，教师可根据本校、本班学生的实际选用一部分，课外一般不必再补充更多的练习，这在客观上起着控制作业量的作用。同时，教材的体例和呈现方式还灵活多样，集文选式、言语实践式、情境式、整本书导读式于一套教材之中。教材的各种设计富有变化和弹性，留有较大的空间。教材虽有一定的容量，但相当部分是供选用的，既扩大了教材资源，提高了阅读量，又强化了教学内容，减轻了学生负担。这种灵活安排，有利于引导探究式自主学习、独立学习、创造性学习。同时，洪氏“三一”语文教材充分体现语文教学实质和科学性，也充分显示了知能渗透、使用方便、备课力量集中等实用性，不同地区、不同层次学校的教师都很适用，也都易于教出实效。

五、坚持拒绝封闭的开放性

洪氏“三一”教材还有一个显著特色，那就是拒绝封闭的开放性。其主要表现为以下几个方面：第一，建构课本内部的开放系统。教材把阅读、写作、语文基础知识三方面化为一体，读写中应用知识，知识指导读写，相互间具有较强的渗透性。第二，建构课内外阅读相互促进的开放系统。教读课文、自读课文、课外阅读、阅读习惯和方法四者密切配合，通过教读指导自读，用课内教读、自读等使学生逐渐养成习惯，掌握方法和技巧，从而引导他们课外阅读整篇文章或整本书。第三，建构以读促写、课内外结合的开放系统。教读导写、课堂听说、课内作文、课外练笔、作文评价与评改形成系列，口头作文和书面作文相结合，让课堂作文成为课外练笔的起点。第四，建构跨学科跨领域的开放系统。阅读、写作的选文增加相当数量的与数理化、史地哲有关的实用文，作文训练、单元语文训练题也都设计与其他学科密切相关的多种练习，使语文学习与其他课的学习相通。第五，建构课文语言与学生体验对接的开放系统。在读文章的过程中，让学生凭借文章的语言，结合自己的生活经验，自己去体验作者的情感，理解作者的态度，在对不同观点和价值观的比较中提出自己的观点，形成自己的价值观。第六，建构三维度相结合的开放系统。转变教材呈现方式，三种专题、十一种读书方法融为一体，在交叉、沟通、渗透中发挥整体综合效应，实现情感态度与价值观、过程与方法、知识与能力的和谐统一，让学生进行独立、自主、合作、创造性学习。第七，建构专题教学的开放系统。注重专题教学活动的综合性和开放性，打通听说读写，打通学科，打通课内外，充分发挥教师的主导作用，积极创造条件，克服种种困难，开展好专题教学活动。这样的综合性开放系统充分体现了语文课程的开放性，切实为教学中知行结合、智能结合、课内外结合、师生结合，为进行双向、多向交流，彻底改变封闭教学体系创造了条件，更为语文内部各分支以及通向生活和平行学科架起了多座桥梁。如，读、写、口语交际之间的桥梁，单课学习与单元综合学习的桥梁，课内学习与课外学习的桥梁，学生自主学习与教师引导的桥梁，语文学习与平行学科学习的桥梁，智力因素发展与非智力因素发展的桥梁，形成性学习与终结性学习的桥梁，初中学习与高中学习的桥梁等。教材的这种开放性无疑为教师开放性地教、学生开放性地学提供了指导和依托，进而充分保障教与学的实效性。

综上，“五个坚持”，可以说每个“坚持”都充分体现洪氏“三一”语文教材的务实性，这也是该套教材编写的根本出发点。可见，认真学习和研究洪氏“三一”语文教材，弘扬和发展他的“三一”教材观，进一步深化新课程改革背景下的教材建设工作，彻底矫正人文泛滥、去语文化、严重缺乏务实性等严重弊端，切实提高教文立人的综合效益，健康推进中学语文教学的发展，理应成为我们广大“语文人”的必然选择。

品读

洪氏语文课堂教学

塑魂立人:洪氏语文课堂的一贯目的

半个多世纪以来,洪宗礼攀越了三座“语文高峰”——教学改革实验研究、教材编写与研究、母语教材研究。这里,我们就走近他所攀越的第一座高峰,聚焦于他的语文课堂,用心品读他的课堂教学艺术。

一、富有教育智慧

洪宗礼的语文课堂富有教育智慧,主要体现在两个方面:

其一,极富“引读”智慧。学生自能读课文不待教师教,自能写作文不待教师导,这是语文课堂教学的理想目标。在这个理想目标达成之前,也就是真正实现教师“放手”之前,教师是必须循序渐进地导引、扶读好的。这个导引、扶读的过程该是一个定向有序、渐进提升的过程,教师必须用心实践,绝不能也不可绕越。这个道理,本身就是一种语文教学的大智慧。洪宗礼不光是这种大智慧的拥有者,更是一个矢志不渝的终身践行者。他把这种大智慧深深植根于心，并用心播撒到他的每堂课，滋润着每个学生的心灵。课堂上，洪宗礼总是引导学生用心灵去深读课文，用生命去深入体验，用灵魂来真情沟通，教会学生自己去读书，去思辨，去感悟，去提升。其实，语文课就是用来教授学生会学和会用语文智慧的。而学生学得这一智慧的前提是，教者首先要认识到重视“引读”艺术是语文教学的大智慧，同时教者还要具备灵活、生动地运用这种“引读”艺术的智慧。这一点，洪宗礼做到了。

其二，也是更重要的，还极富“引思”智慧。洪宗礼有句名言：“想，是一个总开关。”他常讲，“五十平方米的教室，空间是有限的；四十五分钟一堂课，时间是有限的。教师应当在有限的时间和空间里，运用自己活用教科书的教学艺术，去发展学生无限的思考力”，“引导他们走进积极思考的王国”。在他看来，一个班级几十名学生，思维能力参差，个性特点不同，心理状态不一，然而，他们的内心深处都蕴藏着充足的思维潜能。教师既是学生心理奥秘的探索者和发现者，更是学生思维潜能的辛勤开发者。洪宗礼这样思考着，更这样践行着。或激发，或点拨，或妙引，学生主动地思考，层进地思考，辩证地思考，发散地思考，创造地思考。这是洪宗礼语文课堂的常态，更是他一辈子不懈的追求！课堂上，他总是想方设法地激活学生的思维，最大限度地调动他们的思维潜能，逐渐由课文形式的表层进入作者表情达意的深层，由兴味淡然的阅读心态进入兴味盎然的思辨佳境。也就在这个渐入佳境的过程中，学生思维的准确性、深刻性、辩证性和批判性得到了极为有效的锻炼。可以毫不夸张地讲，在几十年的“双引”教学实践中，洪宗礼总结、提炼出来的二十多种引读法和十种引写法，无一不诞生于他“引读”和“引写”的课堂，又无一不指向“引思”。他用智慧在自己的课堂上锤炼出了这些“法”，同时这些“法”也开掘、培育、发展了学生的智慧，最终点滴结晶成了他灵光闪烁的“引思”智慧。

二、充满生机和活力

洪宗礼的课堂为什么总是那样充满生机和活力？有两个重要的前提性因素不容忽视：一是洪宗礼的课堂语言一向很讲究。洪先生的语言严谨洗练，平易自然，字字句句都充满关爱和温馨，学生视之为享受，心甘情愿、真心实意地积极投入。对此，洪宗礼有他独到的解读："教师课堂上每讲一句话，乃至每用一个词，都要出言谨慎，反复推敲，不仅要加大含金量，准确、深刻，要有哲理情趣，而且要语含温馨，亲切、自然，如话家常。"二是洪宗礼的作风一向民主。在洪宗礼的师生关系词典里，只有理解、尊重、信任、平等、合作等，所以学生从不惧怕，更不感到压抑，总是放开胆子任神思飞动。对此，洪宗礼有他自己的表白："教师要善于用睿智的目光，去发现学生一丝一毫的表达欲望，爱护他们一闪一烁的思考，点亮他们一星一点的思维火花，即使一时'启而不发''调而不动'，也要耐心地等待。'等他 60 秒'，是艺术，是对学生思维积极性、自尊心的保护。在 60 次'嘀嗒'中，学生思维的火花最终会燃烧成绚丽的彩霞。"

洪宗礼这样表白，更这样实践。他的每堂课都充盈着对学生真心诚意的理解、尊重、信任和期待。有了教师如此真诚的理解、尊重、信任和期待，还有哪个学生会心生紧张，感到压抑呢？还有哪个学生会不主动参与呢？在这样的课堂里，学生的学习兴趣被大大激发，生命积淀被充分调动，人格和尊严被真心尊重、呵护，故能焕发出如此强有力的积极性和主动性。于是乎，师生平等对话，有问有答，顺序而下，自然而然、有说有笑，毫不勉强，也绝无做作；于是乎，学生或读或写，或表演或评论，热情高涨，兴趣浓厚，积极思考，踊跃参与，自由自在，毫无拘束；于是乎，教师也就真的成了一位值得信任的老朋友，或者说是"平等中的首席"，导引着课堂教读扎实、生动、睿智、高效地向前推进。

三、浸透着大教育爱

有人说,博大无私的教育爱,是每一个为师者应该追求和可能追求到的崇高境界!也有人说,洪宗礼的课堂就浸透着这样的教育爱。还有人说,师生只有在这崇高的教育爱的联系中才能有效地展开知能、才智与观念的教与学。但洪宗礼崇高的教育爱到底指的是什么呢?到目前为止,似乎一般都指向洪宗礼对教育事业的挚爱、对语文教学的痴爱、对学生的真爱。对学生的真爱又大都指向他如何真心实意地理解、尊重、信任、体谅、鼓励、关爱学生。这些认识固然都是正确的,但仍都局限于洪宗礼如何爱事业和学生,同时学生又如何被爱这一认识层面,而没有去进行深层次的追问和探讨。洪宗礼为什么要这么一生一世、忠贞不渝地爱语文,爱教育事业呢?其实,他那崇高的教育爱里面应该深蕴着一种更为崇高的教育理想和境界,那就是铸魂立人。这是一种“大教育爱”,这才是洪宗礼一辈子不懈追求的真正动力。在洪宗礼的心底,语文教育事业就是塑人的事业,育人是第一位的,教一辈子书,就要育一辈子人!那么,到底育什么样的人呢?准确地讲,这“育人”就是塑魂立人,就是要塑独立、自主、善良、博爱、正义、真纯、创造之魂,就是要立人格健全,有民主精神、责任意识、公民素养、竞争观念、担当情怀、奉献品格的大写之真人。这样的人才是时代和未来所亟须的,才是可以担当社会和历史重任的,才是民族伟大复兴的希望。

为此,洪宗礼向来认为,教科书既是教本也是学本。他强调语文学习更重要的是学习过程,是在学习过程中形成的价值观念、情感态度、思维能力、探索精神和学习方式,是在综合性学习活动中逐步掌握的语文规律。所以,在洪宗礼那里,课本就是“帮助学生自主学习之本”“引导学生学会学习之本”“促进学生创造性学习之本”，就是引领学生进行探究学习、独立思考的路标，就是促进学生自主发展、自我构建的催化剂。洪宗礼也曾反复强调，引读引写，要放手，又不能撒手。要放，必先扶，扶又不可忘记放，扶也是为了放。教师既要放手让学生独立阅读、写作，又要通过必要的指导，给学生的阅读与写作以适当的扶持。“引”不排斥和回避“讲”，“讲”也是为了更好地“引”，甚至“讲”本身就是一种“引”，关键要看怎样讲，讲什么，讲多少。他认为，“双引”的教学艺术，核心就是个“活”字。教师就是要善于根据读写训练的目标要求、教材的具体内容，针对不同教学对象的身心发展规律、认知水平、个性特点、思维类型、智力水平、知识基础以及学习习惯，灵活地运用恰当的教学方法，导引学生灵魂站立着学习、思辨和探究。正是基于这些认识，洪宗礼的课堂教学一向鼓励、引导学生积极介入，主动体验和感受，既教活了语文，也使学生的灵魂站立起来了，整个课堂流程都充满了大教育爱。

洪宗礼深知，这种崇高的教育理想绝不能仅仅是一种乌托邦，它更需要理想的环境和土壤，而这理想的环境和土壤是需要教师用全部身心来耕耘、培育和呵护的。正因为时刻这样想，洪宗礼才总是用心去洗练好自己的每堂课的教学语言，用这样的语言去唤醒每位学生的上进心；正因为时刻这样想，洪宗礼才会耐心地“等他 60 秒”，真心诚意地去呵护学生的自尊心和自信心；正因为时刻这样想，洪宗礼才会用心教学生由张迎善那双粗糙的大手去走进他的心灵，去发现这颗心灵的伟大与美好，进而发育担当情怀和辩证智慧；正因为时刻这样想，洪宗礼才会与学生一道精心设计法庭辩论课，模拟真实情境，让学生扮演角色，观摩思考角色，进而鼓励他们去了解社会、接触社会、融入社会，进而培育他们的法制观念、公民意识和道德良知；正因为时刻这样想，洪宗礼才会一辈子坚守“双引”教学，呕心沥血地总结和提炼各种引读引写之法，痴心不悔地追求他的课堂教艺，耐心、循序、充分地“引”，让学生一点点地养成良好习惯，形成能力和品质，最终自己站立起来，自主、独立地去听说读写思。事实上，也就在这个由“引”到“扶”再到最后“放手”的过程中，一个个大写的真人才一点点儿站立起来了。可见，洪宗礼之所以这样尽心竭力，本质上就是在用生命为自己的教育理想创造理想的环境。他用“大教育爱”为自己的课堂立了魂，同时也在用自己的全部身心塑魂立人，真可谓倾大爱、尽心智、立真人。

时下，放逐“语文”、空泛探究的“人文课”，只盯中高考、教学即考练评的“应试课”，声光电齐发威、花里胡哨的“无物课”等仍很流行，重新品读洪宗礼的课堂教学艺术，用心感受他的“大教育爱”之后，我们究竟该做何感想呢？为了语文新课改的健康推进，为了切实提高语文教学效率，为了“教文立人”的教育理想能够实现，我们是否应该更淡定一些，本真一些，扎实一些，上进一些呢？洪宗礼曾说：“把工作当学问做，肯定有大学问；把职业当事业干，肯定成大事业；把细活当精品磨，肯定出大精品。”这是洪宗礼成功的秘诀，希望也能成为我们这些后来人成功的秘诀。

洪氏课堂教学短镜头速写五例

一、一个“排”字，意味良多

【镜头回放】

做一做“排”的动作

课文《孔乙己》中有这样一句：孔乙己“对柜里说，‘温两碗酒，要一碟茴香豆。’便排出九文大钱”。老师们讲到这句，常常要抓住句中精彩的“排”字，或作反复提问，或作详细讲析，做番“文章”。确实，这个字大有嚼头。洪老师讲这个字，却有另一种处理：

“同学们，‘排’是个极平常的字，但鲁迅先生用在这儿，很有深意。请大家好好琢磨一下：孔乙己当时究竟是怎样‘排’出九文大钱的，我们不妨做做看，学一学这位‘上大人孔乙己’的动作，用心体会鲁迅先生用字的妙处。需要提示大家：人物的外在动作，是他内心情感的直接反映。要做好动作，必须准确把握孔乙己当时的心理状态。我给几分钟时间，大家准备准备。”

同学们一下子都愣住了，谁也想不到老师会出这样一个“练习”。但短暂沉寂后，大家便都兴奋起来：有的细读课文，想从字里行间找到表演灵感；有的托腮沉思，想象孔乙己当时的神态姿势；有的相互讨论，研究如何动作；有的则掏出一把硬币……课堂里，个个活跃，百态纷呈。

几分钟后，开始“演”了。

甲生走上讲台，把九枚硬币在桌面上排成一线，然后双手把硬币向前一推，并说：“就这样‘排’。”

“不是这样！”“不对，不对！”甲生刚做完动作，讲台下纷纷否定。

洪老师对他说：“请你说说，你这样做动作的道理。”

甲生说：“孔乙己好喝酒，数出九个钱，双手一推，急着要喝酒哩。”

课堂里爆发出一阵笑声。

洪老师也笑着说：“你是第一个‘吃螃蟹’的人，应该表扬。”

乙生走上讲台。他拿起九枚硬币，一线儿平列在右手掌心上，先得意地看了看，然后倾斜手掌，“哗”的一溜儿泻在台面上。

台下一时静默，同学们在体味这位同学的动作，未置可否。

洪老师对乙生说：“也请你说说，这样‘排’的道理。”

“孔乙己今天口袋里有钱，他洋洋自得，‘今朝有酒今朝醉’，这个动作，就是要表现他得意的心理状态。”

洪老师说：“有点味儿了。你已能深入人物的内心进行揣摩了。可我要说，孔乙己当时不仅仅是因为有钱喝酒而得意。需要再提醒大家：人物离不开环境，别忘了孔乙己是身处咸亨酒店之中；别忘了他的地位，人们对他的态度；别忘了孔乙己这个人物具有的个性特点。”

过了一会儿，一些同学似有所悟，纷纷举手，要求做动作。

丙生上台了。他上台前，还和同桌先耳语了几句。

当他走近讲台时，同桌突然喊道：“孔乙己，你脸上又添伤疤了！”原来，他们是“合计”好了的，同桌当“短衣帮”这一配角。

只见他向传来声音的方向投去鄙夷的一眼，又慢条斯理、抑扬顿挫地说：“温——两碗酒，要——一碟茴香豆。”“两碗”还加重了语气，说得很有“滋味”。

然后，他平展右手，掌心里躺着几枚硬币；他又把掌一收，五指合拢，用拇指和食指一搓捻，再用拇指把一枚硬币按到台面上，硬币接触台面的声响，清晰可闻。九次动作，九个声响，九枚硬币整整齐齐赫然“排”在台面上……

课堂里响起了热烈的掌声。

洪老师说：“掌声肯定了你的表演。你也向大家说说，这样‘排’的道理。”

丙生说：“孔乙己一进店，听到有人嘲弄他，但他是个自命清高的人，尤其在‘短衣帮’面前，从不肯放下臭架子。所以，他是很有派头、郑重其事地排出九个钱，他心中说：‘我孔乙己今天不但付钱喝酒，酒还要喝两碗哩。我是个知书达礼之人，满肚子学问，你们竟敢笑话我？真是岂有此理！”

洪老师称赞说：“做得好，说得也好！你把‘排’字的含义挖掘出来了！同学们，通过以上表演我们可以看出鲁迅先生只用一个极平常的字就揭示出人物丰富的内心世界，刻画出他性格特征的一个方面：自命清高、迂腐酸臭。这样高超的‘一字传神’的语言艺术，我们应当好好体会、认真学习。”

课后，洪老师说：“让学生在课堂做一做‘排’的动作，亲身体会一下人物的思想感情，从而悟出作者用词的匠心，这会胜过教师千言万语的分析。提问，是激发学生思维的手段，但过多过烦的提问会引起学生心理上的厌倦。实践证明，在课外组织学生演出课本剧，获益颇多，受此启发，让学生在课堂内‘动一动’，在活泼的氛围中学习，这不更好？”①

【案例读后】

讲出且讲好这个“排”字的意味，凭洪宗礼的才识，他是完全可以做到的。可是，洪宗礼偏不这样做，偏要引导学生去表演一番。这在今天看来，似乎并没有什么新奇的，我们语文教师不就是动辄让学生“表演”一番吗？对此，笔者是这么看的：一则，这是二十世纪八九十年代的一段教学案例，足见洪宗礼语文教育思想之先进；二则，今天的“表演课”确无几例能如此深入“课文生活”的，确无几例能这样注重词句，牵一发而动全身，披文入情、入理地分析人物形象的。在这段生动的教例中，我们不仅充分感受到了洪宗礼先进的语文教育思想，更是亲临其境般地体验到了洪宗礼以人为本、“教文”又“立人”的高超教艺。下面，笔者谈谈自己的三点感悟：

（一）要找准深入“课文生活”的接口

这里所说的“课文生活”，简言之，就是课文的情节、情境、意境、情理等。我们都爱讲要让学生多读几遍课文，深入地读进去。话说起来很容易，而真正操作起来就往往不是那么回事，效果也比较差。原因并不复杂，就是学生找不准深入“课文生活”的“接口”，总是在“课文生活”的门外兜圈子。入不了门径，自然也就提不起兴趣来，也就更谈不上有怎样好的阅读效果了。其实，能够深入走进“课文生活”的“接口”，多数情况下都很不起眼，往往是一些看似

① 王铁源、程良方据听课记录整理。

普通但却很关键的词句,如《琵琶行》中的“今夜闻君琵琶语”一句中的“语”字,《荷塘月色》中的“只不见一些流水的影子,是不行的”这一句等。教学中,教师一定要善于自己先深入走进“课文生活”,准确地找到这些十分关键的“接口”,进而引导学生深入地走进去,用生命和心灵真切而深刻地体验和感悟到作者遣词造句对刻画人物、表达情感、表现主题的作用。只有如此导读和引读,学生才有可能真正领悟到母语的真味和魅力,才有可能真正爱上语文。洪宗礼是深谙此道的,课一开始就提示学生:人物的外在动作,是他内心情感的直接反映。要做好动作,必须准确把握孔乙己当时的心理状态。可见,洪宗礼自己早已深入走进了“课文生活”,走进了主人公孔乙己的心灵世界,早已把握了“排”字对揭示孔乙己的灵魂的妙处。可是,洪宗礼就是不肯灌输式讲析给学生,就是要指给学生这个深入走进“课文生活”的“接口”,导引他们深入地走进去而自主地领略、感受和感悟个中意味。在洪宗礼的耐心指导下,终于有学生能够准确、深刻地把握住孔乙己的心理,做出了到位的表演,令全班同学都很满意,赢得了全堂热烈的掌声。体验和感受共享,全班同学自然也都收获了相同的体验和感受,使这节课获得了喜人的成功。

（二）要对学生充满尊重、信心和期待

请看,甲生走上讲台,把九枚硬币在桌面上排成一线,然后双手把硬币向前一推,说:“就这样‘排’。”对此,讲台下一片否定之声:“不是这样!”“不对,不对!”而洪宗礼却不急不躁,面带笑容,还让甲生讲讲自己这样表演的理由。尽管甲生所说的理由很不在理,洪宗礼还是表扬他是第一个“吃螃蟹”的人,肯定他的勇气和积极性。我们不妨设想一下,如果像有的教师那样,或流露不满,或一言不发,甚或嘲讽几句,都可能让那位学生很难下台。长期下去，学生主动参与的积极性就会被一点点磨蚀得精光。现在，学生对“探究”“表演”之类或应付或沉默，联想到某些教师在常态课上的一些表现，我们就不难找到理由了。

再看看乙同学的表演，可以说比较到位了，可是，洪宗礼还是进一步引导：孔乙己当时不仅仅是因为有钱喝酒而得意。他再提醒大家：人物离不开环境，别忘了孔乙己是身处咸亨酒店之中；别忘了他的地位，人们对他的态度；别忘了孔乙己这个人物具有的个性特点。

也就是在洪宗礼这样的进一步引导之下，丙同学做了准确、到位的表演，同时全班同学都收获了深刻而到位的理解和感悟。水到渠成，洪宗礼才开始了趁热打铁、恰到好处的小结：通过以上表演我们可以看出，鲁迅先生只用一个极平常的字就揭示出人物丰富的内心世界，刻画出他性格特征中的“自命清高、迂腐酸臭”。这样高超的“一字传神”的语言艺术，我们应当好好体会、认真学习。洪宗礼还认为，让学生在课堂做一做“排”的动作，亲身体会一下人物的思想感情，从而悟出作者用词的匠心，这会胜过教师千言万语地分析。我们不妨再设想一下，如果没有洪宗礼对学生的尊重和信任，如果没有洪宗礼充满期待的引导，这堂课是不会如此圆满成功的。

（三）要守住教师的主导地位

笔者认为，文题中“意味良多”的“意味”二字，不仅指“排”字可以揭示孔乙己的灵魂，流露作者的“批判”意旨，也该含有洪宗礼紧扣住“排”字不放，再三引导学生的良苦用心。洪宗礼一贯认为，引读课文离不开教师的引导，一定要在学生自主地学习和教师到位地教学之间找到一个平衡点。叶圣陶先生也确实讲过“教是为了不需要教”，但绝没有说教师一开始就可以不教。非但如此，叶老反而特别强调教师要如何科学、主动、艺术、得法地教，要把学生教会，而后才可以慢慢地放手，或者说教的同时就在为慢慢放手做准备。洪宗礼发扬了叶老的思想，主张“在教与学的矛盾统一关系中，教师的‘教’始终处于主导的方面。事实上，教学生学会和会学的过程中，教师必须充分发挥主导作用；学生在教师的指导下由学会到会学的过程中，也一定要充分发挥其主体作用。教与学两个主体是矛盾统一的，也是发展变化的，随着学生自主学习习惯和能力的增强，教师的主导作用（即教师的主体性）要随之弱化，直至放手”。当然，教学内容的难易也会决定教师主导作用的强弱。一般而言，我们都反对教师中心主义，反对动辄包办或主宰学生，可是，若当学生正需要教师主导作用强化时而教师却放了手，同样也是不尊重学生，也是在危害学生的主体性。

现在，有的教师，在不经深入阅读和思考的前提下就让学生合作探究、发表独立的见解，不经适度引导就让学生去发现并提出自己的问题等，并且无原则、廉价地进行表扬和鼓励，这都是淡化甚至放弃教师主导作用，进而导致语文课堂教学效率低下的误区。对此，我们必须进行深刻、彻底的反思，必须坚守住教师“主导”之本，追求一种在教师主导下守本、务实、简约、灵活、自然、高效的课堂教读形态。笔者这样讲，不等于说，语文课堂教学就必须排除学生需求的多样性、心理的独特性，就可以不尊重学生个人的见解，不鼓励学生批判质疑、发表不同意见，更不等于说，教师就可以一成不变地永远主导下去。笔者想强调的是，要想使课堂教读能够守本、务实、简约、灵活、自然、高效地展开，就必须像洪宗礼那样，牢牢坚守住教师的主导地位。不仅如此，新课标、教材等也都有责任坚守住这一点，并对广大中学语文教师进行科学、到位的指导。

二、这60声叩响真爱的“嘀嗒”

【镜头回放】

等他60秒

洪宗礼老师正在上《皇帝的新装》。安徒生笔下有趣的情节，洪老师幽默的讲解，使50个学生全都走进了奇妙的童话世界。

课文分析已近尾声。

“谁能说说，童话的结尾为什么让一个孩子来戳穿骗局？”

这问题似乎不难回答，好多学生立刻举起了手。

“小孩子天真，他讲真话。”

“说得对，”洪老师既满意又不满意，又追问一句，“大家再想想，有没有更深一层的意思？”

几秒钟后，一个男孩猛地竖起手臂，“我想，我想……”话刚出口，却又“卡”住。

“不要紧张，慢慢讲。”洪老师鼓励他把话讲出来。

“我想，我想……”仍然无下文。

教室里响起了笑声。那笑声仿佛说：“太冒失了，该想好了再说嘛。”

那男孩似乎听出了嘲讽，变得不安起来，脸也涨红了。

“不要怕，说错了不要紧。”洪老师仍在鼓励，但小男孩却什么都不讲了。

从教室里回荡的笑声中，从眼前这张涨红的脸上，洪老师也觉察出什么，他语气温和地对男孩说：“刚才，肯定有什么从你脑中闪过，可你并没有捉牢它，它溜了。你坐下，再细细想一想。”

小男孩坐下了。50秒钟过去了，教室里静悄悄，有个学生疑惑起来,不解地望着老师:“值得等吗?”

洪老师也用目光示意他,像是说:“你自己为什么不用心去想想呢? 给他时间想,也是给你时间想呐。”

50 秒钟过去了,教室里静悄悄。有一个女孩举起了手,她要求回答。

洪老师向她微微摇头,那意思是:请再等一等。

那举手的女孩放下了手臂。

一分钟过去了,教室里仍是静悄悄。终于,那小男孩站了起来,说:“我想,结尾让小孩来戳穿骗局,合情理,因为天真的小孩不知道怕,所以敢讲真话。而且让一个小孩道出事实真相,更有讽刺意义:这个皇帝连个小孩都不如,真是愚蠢之极、昏庸透顶,还配做什么一国之君!”

他刚说完,洪老师高兴地说:“嘿,你真把那一闪而过的东西又抓回来了,而且想得更清楚、更完整了!”

那小男孩十分高兴地坐了下去。

课文分析,又继续往下进行……

一个学生在课堂上面对教师和几十个同学回答问题,这是需要一定勇气的。教师对发言者的积极性应加以保护。回答正确的理应得到表扬;回答错误的不应受到指责;回答不完整、不深刻的,应促其再思。这既是对学生的尊重,也是符合认知规律的做法。创造出一种和谐宽松的教学气氛,就会使每个学生勤于思考、乐于发言,看来,课堂里出现的这无声的一分钟,绝非 60 个空虚的“嘀嗒”啊。①

① 王铁源、程良方据听课记录整理。

【案例读后】

读了这则镜头,笔者最真实的感觉就是五个字——真爱力无穷。这里,我们不妨先作一项问卷调查——你爱自己的学生吗?恐怕没有几个教师肯说“不爱”的。然而,笔者要问:这爱是否出自骨子、来自灵魂?恐怕就要打点儿折扣了。事实上,我们经常会听到一些教师讲(笔者当初甚至也如此说):“把学生叫起来,半天呆站在那里一言不发,还不如我自己讲来得痛快,为什么要浪费大家的时间呢?”就是洪宗礼的这则经典教学镜头,也同样有人发出这样的质疑:如果那个男孩就是想不出来了,岂不是在白白地浪费时间!就算 60 秒后想好了,不也是在浪费其他学生的时间吗?这就是我们一般教师与洪宗礼的区别,也是我们与洪宗礼在真爱学生的境界上的巨大差别。何以言之,笔者主要想谈以下几点:

(一)真爱学生就要用心去了解和理解学生

请大家留心这段描述:

> 几秒钟后,一个男孩猛地竖起手臂,“我想,我想……”话刚出口,却又“卡”住。
>
> “不要紧张,慢慢讲。”洪老师鼓励他把话讲出来。
>
> “我想,我想……”仍然无下文。
>
> 教室里响起了笑声。那笑声仿佛说:“太冒失了,该想好了再说嘛。”
>
> 那男孩似乎听出了嘲讽,变得不安起来,脸也涨红了。

那个男孩卡壳了,洪宗礼鼓励他:“不要紧张,慢慢讲。”那个男孩却仍然无下文,而且教室里还响起了似带嘲讽的笑声。这时,那个男孩更是紧张和不安起来,回答问题几乎不可能了。这空前紧张的时刻，请再看洪宗礼：

> “不要怕，说错了不要紧。”洪老师仍在鼓励，但那个男孩却什么都不讲了。
>
> 从教室里回荡的笑声中，从眼前这张涨红的脸上，洪老师也觉察出什么，他语气温和地对男孩说：“刚才，肯定有什么从你脑中闪过，可你并没有捉牢它，它溜了。你坐下，再细细想一想。”

几乎没有任何希望了，可洪宗礼仍不放弃鼓励，语气温和地说：“刚才，肯定有什么从你脑中闪过，可你并没有捉牢它，它溜了。你坐下，再细细想一想。”这温暖的话，既肯定了那个男孩的积极思考，又关心地让他坐下来再细细思考，并深信他一定能把那个从脑中闪过的东西捕捉回来，同时也流露出满心的期待。请留心，洪宗礼的信任和期待不是口头上的，更不是做样子给听课人看的，而是实实在在，平心静气，充满真爱，直至等上 60 秒！洪宗礼为什么会坚持这样做呢？笔者想，首先该是洪宗礼很了解这位学生，知道他的根底，相信他有回答这个问题的实力。再者则是洪宗礼很理解这位学生，理解他抢先回答问题的积极和主动心理，理解他因有人听课而有些紧张的心理，理解他听出了嘲讽意味的尴尬心理，更理解他想展示自己而又恨己难为的窘迫心理。虽然时间短暂，但我们深信洪宗礼的内心一定做过激烈的斗争和抉择，最后自然而平和地选择了信任和期待。这信任和期待，远非“耐心”一词所能完美诠释的，该是洪宗礼深入了解和理解学生的常态显现，是一种教育惯式。试想一下，如果教师不是很了解学生，不是以心换心地理解学生，是肯定不会自找麻烦和难堪，做出洪宗礼那样的选择的，说不定会虚情假意地给那个男孩找个台阶而自己也顺势下坎的。

那样一来，教师也就永远不能超越自我，有所提升了。

（二）真爱学生就要真心去尊重和呵护学生

想想那个男孩，想好了问题，要在那种场合主动出头，一展自己思考的成果，赢得全场的赞叹。这种积极思考、敢于展示自己的心理有什么过错？再设身处地替那个男孩想想，本来思考得就不太成熟，而又急于展示自己思考的成果，一时紧张讲不出来又有什么值得非议的？这总比窝在那里想都不想、一言不发、只知听别人如何讲的人要强得多吧。发言者卡壳，听发言的要嗤笑、嘲讽人家，这本身就是不文明的常态反应。在这样的环境里，那个男孩越发紧张、尴尬，干脆一言不发，本身就很值得理解和同情。洪宗礼是真爱学生的，用他的话讲，“奋斗一生，修炼了两个字——真爱。爱教育，爱母语，爱学生，爱自己”。洪宗礼肯定会深深地体察到这些的，也一定会换位地为那个男孩着想的。也正因为洪宗礼要这样想，那么，随之而来就只能是尊重和呵护。洪宗礼理解、尊重那个男孩想要展示自己的心理，理解和尊重那个男孩听出嘲讽后选择沉默，为此，他真心实意、小心翼翼地呵护那个孩子的主动心、展示心和自尊心；同时也是在用这种尊重与呵护无声地教诲着那些发出带有嘲讽意味的学生，在用理解和尊重播种着理解、尊重和友爱。也正因为有了洪宗礼如此真心实意、死心塌地的尊重与呵护，那个男孩几乎枯死的思维花苞最终绽放了，回答出了那个有一定难度的问题。这不仅仅是一个问题的回答，这应该是尊重、呵护学生心理和人格的巨大成功，这该是以人为本的现代教育理念的真实体现！洪宗礼还常讲：“在人格上师生是平等的，尊重学生就是尊重教师自己，就是尊重教师的职业操守。”听洪宗礼如是说，我想，如果我们真的想让自己的课收获成功、成为经典，真的要尊重自己和自己的职业操守，还是应该像洪宗礼那样首先从理解、尊重、呵护做起，真心实意地去做，死心塌地地去做，一点一滴地去做。

（三）真爱学生就要诚心去信任和期待学生

有理解、真爱才会有信任，有尊重和信任才会有期待。教育的艺术，说到底，就是理解、真爱、尊重和信任的艺术，对学生没有理解、真爱，没有诚心实意的尊重和信任，还谈什么期待呢！

请看那个男孩：

> 一分钟过去了，教室里仍是静悄悄。终于，那小男孩站了起来，说："我想，结尾让小孩来戳穿骗局，合情理，因为天真的小孩不知道怕，所以敢讲真话。而且让一个小孩道出事实真相，更有讽刺意义：这个皇帝连个小孩都不如，真是愚蠢之极、昏庸透顶，还配做什么一国之君！"

读着那个男孩的回答，笔者的心真的一下子变得十分敞亮，不禁想到一句名言：诚心所至，金石为开。这哪里仅仅是男孩在回答问题，这分明是一个自尊自强的灵魂站立起来了！这不正是洪宗礼所矢志追求的教育理想吗？洪老师真的高兴了："嘿，你真把那一闪而过的东西又抓回来了，而且想得更清楚、更完整了！"可见，真心地理解、尊重、信任学生固然很重要，但更为重要的是关键之处教师要学会期待且主动期待，也只有这样，教师的理解、尊重、信任等才会结出喜人的硕果。

写到这里，再看看当下的一些语文课堂，总感觉我们的交流和探究真的有点儿矫情假意、浮泛花哨、为上课而做课的味道。面对洪宗礼的课，面对他的言行，我们是该认真地作一些反思了。这 60 秒，该是 60 声叩响真爱、唤醒尊严的"嘀嗒"！

三、这根“辅助线”的背后

【镜头回放】

找到了一根“辅助线”

灯下,洪宗礼老师在伏案备课。

摊在他面前的课文是李白的《行路难》。

这首诗,虽说只十二句,八十二字,但写得腾宕跳跃、百步九折。

读诗,贵在“贯通”;讲诗,难点也在于此。

怎样启发学生准确地把握诗人复杂多变的情感,完整地理解整首诗蕴含丰富的内容?

先逐句串讲,然后再收拢小结?面对的是高三学生,他们可能不“领”这一套……

他在长时间地钻研教材,寻求教法。

洪老师说过这样一句话:“如果说一堂好的语文课是件艺术品,那么,备课就是在雕塑这件艺术品。”

现在,他做的就是这“雕塑”工作:试图求得一个不落窠臼、富有实效的方法,解决这个教学难点。

蓦地,他双眼一亮:曲线!诗人波澜迭起的情感,是一条连贯的曲线!他赶紧把这条曲线画了出来:

“金樽清酒斗十千,玉盘珍羞直万钱。”好友设宴,美酒珍馐,李白大可“一饮三百杯”,这是感情线上的第1个点。

但诗人因仕途失意,被变相逐出京城,苦闷抑郁而“停杯投箸”“拔剑四顾”,可见肴馔之丰盛,餐具之贵重,原是为了反衬诗人内心的苦闷之深。感情线上的第2个点,应处“1”之下。

“欲渡黄河冰塞川，将登太行雪满山。”这是正面写“行路”的艰难，诗人用“冰塞川”“雪满山”象征人生道路上的艰难险阻，此二句极言怀才不遇的痛苦，深沉而又愤激，这该是感情线上的最低点“3”。

“闲来垂钓碧溪上，忽复乘舟梦日边。”诗人在心境茫然之中，忽然想起古代两位在政治上开始并不顺利，而最后终于大有作为的人物，觉得光明在前，希望尚有，感情从低谷中复又上升至“4”。

一旦回到现实，诗人在离筵上瞻望前程，又发出“行路难，行路难，多歧路，今安在”的感喟，感情在尖锐复杂的矛盾中再一次回旋，故又下跌到“5”。

但诗人倔强、自信、对光明充满执着的追求，他具有积极用世的强烈要求，这终于使他唱出了全诗的强音“长风破浪会有时，直挂云帆济沧海”，感情升腾至曲线的最高点“6”。

太好了！这条曲线的作用太大了：它串联起整首诗十二个句子，使得句与句之间贯通畅达，全诗成为一个有机的整体；它形象地反映出诗人复杂多变的感情脉络，时而低沉凄婉，忽又豪气冲天，使人清楚地了解到这些情感是如何转换的；它鲜明地显示了这首诗写作上的主要特色——跳荡纵横、承转无迹。

有了这根曲线，很多需要详细讲析的东西，便豁然在目了。

夜阑人静。洪老师为找到新的教法而兴奋不已，在备课本上“唰唰”地书写教案……

待到上《行路难》这课时，洪老师在黑板上画出了那根诗人感情曲线，让学生在了解李白生平以及写作此诗背景的情况下，依据这根曲线自己分析全诗。学生理解迅速，见解正确，分析深刻，且又兴趣盎然，收到事半功倍之效。

课后，有学生这样说：在我们求证一道几何题，久思不得之时，一经老师指出一条辅助线，思路便完全打开；想不到学习古诗，语文老师也作了一条“辅助线”，帮助我们迅速而又深刻地领会了诗的内容、诗人的情感、诗作的写作特色。

【案例读后】

读罢这则案例速写，笔者想到了它的背后，想到了洪宗礼为什么要这样做。

天宝元年(742)，李白奉诏入京，供奉翰林。他才高志大，胸怀“济苍生，安社稷”的理想，本想积极用世，就像管仲、张良、诸葛亮等杰出人物一样辅佐帝王，成就一番伟业。可是，他傲岸奔放，蔑视权贵，受到权臣的谗毁排挤，入京刚两年就被“赐金放还”。天宝三年，李白被逼出京，朋友们都来为他饯行，求仕无望的他深感仕路的艰难，满怀愤慨地写下了此篇《行路难》。

诗一开头，欲抑先扬，极言宴席的华美。“斗十千”“直(值)万钱”，手法极度夸张。然而，面对这“金樽”“清酒”“玉盘”“珍羞(馐)”，一向信奉“人生得意须尽欢，莫使金樽空对月”的诗仙李白一反常态：“停杯投箸不能食，剑拔四顾心茫然。”透露出内心深沉的苦闷和迷惘，尤其是“停”“投”“拔”“顾”四个动词连用，生动刻画出诗人既悲愤郁闷又竭力从苦闷中挣脱出来的自我形象。接着从“茫然”引出行路难。只见冰塞黄河，雪满太行，两个比喻不仅将抽象的概念化为具体可感的形象，而且带有浓厚的夸饰色彩，将行路难写到极处，似乎已然“山重水复疑无路”了。然而，追求理想的执着和强烈的信念使之不甘自弃，他的思绪一下子飞到遥远的上古，“闲来垂钓碧溪上，忽复乘舟梦日边”，诗人从吕尚、伊尹两位圣贤的曲折经历中得到慰藉和启发。但诗人不可能永远停留在虚无缥缈的幻想之中，一旦回到现实，即刻从希望的高天跌入失望的深谷。于是又慨叹“行路难！行路难!”,语气是那么急促,也显示出其内心的急切不安。“多歧路,今安在?”前途渺茫,莫在所从,心情万分沉重。但积极用世毕竟是李白人生观的主导,因此很快他从迷惘中清醒过来,以古人的崇高志向自勉。“长风破浪会有时,直挂云帆济沧海。”信心满怀地在自己的眼前描绘出一幅辉煌壮丽的图景——生命之舟正乘风破浪,扬帆远航。

全诗就是这样紧紧围绕着理想和现实的激烈矛盾展开,通过一系列丰富多彩、瞬息万变的景象,生动而有层次地展示了李白时而苦闷、时而愤慨、时而茫然无助、时而乐观旷达的内心冲突和感情变化。

一些鉴赏资料上都这么讲,我们教师也都是这样讲给学生的。凭洪宗礼的才学和口才,他也一定能讲得很精彩,绝不会逊色。然而,洪宗礼就是没有这样口如悬河地展示自己的才学和口才,因为他深深地懂得:虽然教师可能讲得激情洋溢、生动感人,但那毕竟只是教师个体的体验、感受和理解,毕竟无情地剥夺了学生深入诗境,用生命深度体验、品味、感受的权利和机会。在教师的展示和表演下,学生生命始终处于被动接受状态,至多只能是被教师的情绪所感染,根本谈不上深入走进诗境,用生命与诗人的心灵深度对接。于是,洪宗礼苦苦地备课,终于找到了这根“辅助线”。这绝不仅仅是一根“辅助线”,其背后所隐蕴的应该是洪宗礼尊重学生、以学生的学习和发展为本的教育理念,应该是洪宗礼一向追求的铸魂立人的教育理想。

请看,洪宗礼精心为学生勾画出的这条“辅助线”,多像一根心率线,跌宕起伏地展示诗人的内心世界。学生看到了这根起伏不定的“辅助线”后,要去思考每个关键点应该具体填出的内容,他们不用心了解写作背景,不深入具体诗句,不走进诗人的灵魂,就不可能做得到。洪宗礼的学生做到了,他的学生依“线”深读、品味、思考，理解迅速，见解正确，分析深刻，且又兴趣盎然，可谓事半功倍。这就是洪宗礼的老到和高妙之处，也是其良苦用心所在。洪宗礼常讲，要手中有书，心中有人，以人为本就是要通过教学来发展人、提升人。为此，洪宗礼一辈子坚守他的“引读”理念，就是要导引学生独立自主地去读课文，主动走进作者的灵魂，最终在“学文”和“立人”上双获益。但这种导引绝不能总是老面孔，要灵动多样，充满活力。于是，这根“辅助线”就诞生了，我们也就有机会充分享受到了它的灵动和魅力。

现在的语文课，大体上有三种倾向：一是教师全承包。不管什么都是自己讲授，讲得过多，课上得过饱，而学生真正需要讲得精深之处，教师又往往没讲透。直至今天，仍有一些“名师”还在醉心于展示自己的才学和口才，目中无人地在那里唱自我感觉良好的独角戏。二是教读应试化。像这首诗的赏析，一些教师会直接把诗的情感、意象、意境、写法等设计成试题，不管学生是否真的读进去了，是否真正与诗人李白进行了心灵对话，只是一味枯燥乏味、冷冰冰地以考代教，代学生的深读、品味和感受，代学生生命与作者心灵的深度对话。三是彻底放手。教师把课文直接交给学生自主、独立地去读、体验和感受，而后再放手让他们去讨论、探究、赏析，就这首诗而言，就是希望一百个学生能读出一百个“李白”和一百首《行路难》来。第一种倾向，基本上与30年前一样，把学生当成木偶般的容器，任教师灌输、填充，结局只能是造就奴隶人格。这种教学倾向最保守、最不利于学生立魂成人，必须彻底改革。第二种倾向，一切以高考题型为指针，把学生当成解题的机器，整天寡情少味地、冷冰冰地做题，结局只能造就冷漠的解题机器。这种倾向最急功近利，最不利于学生的人格健全，也是必须改革的。第三种倾向貌似让学生充分发挥主体作用，实则不负责任地大撒手，导致学生阅读肤浅，随意盲目地空泛讨论,甚至都偏离了作品的人文内涵和思想情感。这种倾向实质上是对新课改所倡导的教育教学理念的误解,不仅无益于学生自主人格和创新品质的发育,反而有害于学生健全人格的发育和提升。

需要指出的是,洪宗礼引读这篇课文,是20世纪80年代的事了。大家不妨想一想,在三十多年前,洪宗礼就已经这样上课了,就已经能够很自觉地拒绝前面所提到的三种倾向了。时至今日,学着洪宗礼的理念,读着洪宗礼的课例,我们不能不对自己的课堂教学作一番深刻的反思,不能不自觉地拒绝那三种倾向,像洪宗礼那样用心去教文立人。我们就算永远也做不到他那么好,至少我们会一点点进步起来,一点点接近语文教学的真谛。洪宗礼一辈子都在坚守他的“引读”理念,一辈子都在为成就自己的理念而用心设计各种各样的“引读”法。他的精神和理念是很值得我们深入学习、研究、传承、弘扬和发展的。作为洪宗礼的后人,作为新课改的中坚,我们是应该为彻底改变语文教学现状,为健康推进语文新课改做点实事的。如果真的要行动,就请多品读洪宗礼,多欣赏他的教艺,多走进他的心灵。

四、自主探究:须贴近学生的学习生活

【镜头回放】

终课前的涟漪

还有几分钟就要下课了,课堂如湖水一样又渐渐恢复了平静。

忽然,风乍起,吹皱一池湖水。洪宗礼老师不紧不慢地问大家:“明朝末年,有个吊死在煤山上的皇帝,说说看,他是谁?”

“崇祯。”

“怎么写?”洪老师追问。

“‘崇’是‘崇高’的‘崇’,‘祯’是‘礻’旁加个‘忠贞’的‘贞’。”

洪老师板书了“崇祯”二字后,又追问:“你们都知道明朝末年有个崇祯皇帝?”

“都知道。”

“早知道了。”嗓音里有明显的“问不倒”的骄傲。

平素惜时如金的洪老师,今天这是怎么啦?怎么忽然在课堂里不紧不慢地扯起历史小常识来了呢?

洪老师忽然幽默地说:“不知大家注意到没有,我们学的《阿Q正传》里,却又冒出了个‘崇正’(板书:崇正)皇帝来了!同学们看一看课文的第三自然段。”

课文上赫然写着“……穿着崇正皇帝的素”。

奇了,怎么又冒出个“崇正”来了呢?

《阿Q正传》是不朽之作,语文课本节选了其中的七、八两章。几节课里,同学们热情很高,从各个方面提了问题。这一节课,是《阿Q正传》(节选)的总结课,洪老师问大家还有什么问题,同学们是“虽欲言,无可进者”,有的已悄悄地合上了课本,套上了笔套,静待下课的钟声响了。现在,终课前几分钟,经洪老师这么一提一点,大家又立即兴奋起来了,脑海中又激起了层层思考、探究的涟漪:

“会不会是笔误呢?鲁迅先生也是人,不是神,他也难免有笔误……”

“不可能有这样的笔误吧。鲁迅先生说过,写完后至少看两遍。就是第一次笔误了,那在看第二遍、第三遍的时候,总会发现、纠正的。”

“明朝末年的皇帝是‘崇祯’,这是历史常识,几乎尽人皆知。

鲁迅先生不可能把‘崇祯’误写成‘崇正’。”

这是一个涟漪。涟漪中闪动着思考、探究的光彩。

“会不会是印刷排版中的差误呢?”

“你的意见有两处站不住脚。仅凭猜测来解决问题,如同在沙滩上盖房子,这站不住脚;二是书下注释明确指出,‘崇正’就是‘崇祯’,可见,这不是什么排版的差错。”

又是一个涟漪。同学们的思维向着研究问题的科学性方向流动……

“艺术不等于历史。《阿Q正传》中的‘崇正’,不等于历史上的‘崇祯’。”

“艺术真实固然不等于历史真实,但是,艺术真实必须符合历史真实,而不能违背历史真实。鲁迅先生的《故事新编》等,都是二者完美结合的典范。”

这也是一个颇有生气的涟漪。同学们思维的批判性、论辩性得到了实际的锻炼。

此时,面带微笑的洪老师插了一句:“能不能从后文用‘柿油党’来代‘自由党’中得到一点启发呢?”

一波才动万波随。立即有学生举手发言:“我以为,鲁迅先生把‘崇祯’写成‘崇正’,很可能是有深刻的含义的。课文里用‘柿油党’去代替‘自由党’,讽刺艺术的效果很好。我想,用‘崇正’来代替‘崇祯’,至少是对封建帝王的一种讥讽和嘲弄……”

这差不多是一个漂亮的涟漪了。同学们思维的独立性、灵活性、深刻性很耀眼地荡漾在这闪光的涟漪中。

课堂像湖水一样,一层又一层地漾起了涟漪……

洪老师听着同学们热烈的议论,眉宇间绽露出由衷的欣喜。他抬腕看表后笑着说:“鲁迅先生为什么要把‘崇祯皇帝’写成‘崇正皇帝’,这个问题,课外可以更深入地去读书研究。现在,我要说的是,像《阿Q正传》这样的名篇名著,它们都是一座座充满奥秘和魅力的艺术殿堂,我们对它们的认识,绝不是课堂里读几遍,问几个问题就能‘一次完成’的,需要我们去反复研读,反复探索。”说着,他转过身,醒目地板书了叶圣陶先生的读书名言:一字未宜忽,语语悟其神。

语文科代表眉心的结展开了,她投向洪老师的目光中充满着惊喜和敬佩。

这终课前的一点一拨,真是山拔地,峰突起,既激起了同学们层层思索、探究的浪花,又把同学们引上了探索名篇名著的登攀之路,真是绝了……

【案例读后】

作文讲究“豹尾”“撞钟”,一堂课的结尾也需这样。高明的教师总是很注意从教材实际和教学目的出发,从发展智力、培养能力出发,精心设计课堂教学结束阶段这个环节。洪宗礼就是这样,于细微处兴波助澜,仅问一字,而余韵不尽,在同学们脑海里掀起了探求的巨浪,取得课虽终而意不尽的教读效果。

就语文教学而言,每一课的教读恐怕都需如此,因为一节课也好,几节课也罢,终不可能把课文的含义全讲完,也根本没必要这样讲。比如,讲完小说《药》,留下个“夏瑜的坟头为什么凭空添了个花环?”之类的问题来让学生探究,这是很正常的,也是很有必要的。一者问题很有深意,体现了作者的创作理想,很值得探究;二者对培养学生思维和探究能力有益。再比如,《记念刘和珍君》一文的开篇写道:“中华民国十五年三月二十五日,就是国立北京女子师范大学为十八日在段祺瑞执政府前遇害的刘和珍杨德群两君开追悼会的那一天……”这几句中的“中华民国”和

“国立”等也是作者有意为之的，寓有嘲讽“民国非民主之国”之意，也很值得学生课下去探究。总之，只要是在引读课文，就会产生或大或小的问题，探究起来也大都很有意义，或有益于学生深度发掘课文主旨，或有益于开阔他们的视野，或有益于发展他们的思维，或有益于发育他们的自主精神和独立人格等。这些道理，洪宗礼十分清楚，所以他提出了“鲁迅先生为什么要把‘崇祯皇帝’写成‘崇正皇帝’？”这个问题，并把它交给学生课下去读书、思辨和探究。

写到这里，笔者想起了自己教学中的一次课后作业。引读文言文《屈原列传》，我要求学生课下思辨、探究一个问题：屈原到底该不该自杀？屈原是情操高洁的，是不肯与世俗同流合污的，是要用自己的死来表达抗争、证明现实社会的污浊的。这是课文的核心主旨，在那里巍然挺立了几千年，谁也推不倒的。但是，这绝不等于说“屈原到底该不该自杀？”之类的问题就不能探究了。相反，从发育学生思维能力、独立人格和创新品格等角度来看，反而更有必要给学生拟设这样的思辨题。经过同学们课后的独立思辨，结果的确令我喜出望外，可归纳为以下几点：

（1）没必要自杀，为昏庸的国君去死，是愚忠，很不值得；

（2）不应该选择自杀，不死还有可能写出更伟大的作品；

（3）不必去自杀，死了也改变不了现实，白死；

（4）干吗非要自杀呢，独善其身不就结了；

（5）不懂得珍惜生命，好好活着才是最有价值的；

（6）应该自杀，用死来唤醒昏聩的国君，挽救楚国的命运；

（7）只能自杀，因为屈原已经失宠了，又得罪了那么多权贵，活着也没啥意思了；

(8) 只有自杀,因为屈原已经彻底绝望了,连梦都被现实摧毁了……

可以说,每一种结论都是学生自主独立的生命体对生命价值的独到认知,都闪耀着他们独立个性的光辉。还可以这样讲,这些个性化认知的独立存在,才构成了我们这个多姿多彩的世界。有的学生还在日记中写道:屈原应该像司马迁那样忍辱负重地活下来,以图将来;或像陶渊明那样隐居起来,说不定还会写出更伟大的作品。还有学生认为,当代社会竞争非常激烈,如果一旦陷入矛盾的旋涡,想不开就去死,并美其名曰不肯同流合污,那就更是"中屈原的毒"不浅了。这样的观点,虽明显不同于原作的主旨,但却是学生的独立思考,都深深打上了他们生命的烙印,总比人云亦云要强得多。课文的核心主旨不可更改了,但这并不意味着读者就必须得忠实地信奉,不可有半点儿自己的想法产生。我们的课文教学,一直就存在着这种"不敢越雷池一步"的错误倾向,这是很不利于学生独立健全人格和创新品格的发育的,应该引起我们的深刻反思。同时,我们的课文教学也同样存在着绕越课文内容和主旨,让学生浮泛地发表什么独立见解的错误现象,这更是我们必须革除的。为此,笔者认为,"屈原到底该不该自杀?"之类的问题,很有必要安排在课文引读即将结束的环节或课下来探究。洪宗礼深谙此道,所以"鲁迅先生为什么要把'崇祯皇帝'写成'崇正皇帝'?"这个问题就安排在这样的环节了,目的是让学生探究鲁迅先生这样写的讽刺意味,探究辛亥革命的不彻底性。

谈到这里,还有一点必须明确,那就是一定要高度重视学生的课外自主探究式学习。从课文到课文,从课堂到课堂,一课连着一课,一堂接着一堂,课下又只清一色的《练习册》之类,时间一久,这样的语文教学怎不乏味透顶！所以，课下搞一些贴近学生学习生活的自主探究式学习活动，就好似乐曲的“过门”，戏剧的“楔子”之类，既有利于总结、拓展、深化课文学习，又可以缓解学生紧绷、枯燥的心理，更有利于促进学生思维和人格的良性发育，真可谓益处多多。

有专家学者指出：自主探究式学习体现了信息时代社会经济飞速发展背景下的人才观，也体现了以创新精神为核心的教育观、以人本主义为主导的师生观以及为学生终身负责的质量观。它着眼于学生的未来，注重对学生思维和发展潜能的充分挖掘，价值和意义重大。它有益于促进学生实事求是的科学态度，培养学生对社会的责任心；它能够成就学生主动求知、乐于探究的心理品质，发育学生自主独立、勇于创新的精神；它还有益于提高学生初步运用所学知识和技能解决实际问题的能力，为他们明天的发展和幸福奠基。尽管如此，但笔者还是认为，凡事都要辩证地看，都要有个合理的度，也就是说自主探究式学习不宜离学生的学习生活太远，最好要从学科教学的实际出发。比如，学习课文《林黛玉进贾府》，学生结合《红楼梦》的阅读，自主探究课文中出现的几位女性的命运是比较适度的。但是，如果借此无限拓展，让学生自主探究“贾史王薛”四大家族的悲剧命运，就超出了课文引读所宜关注的范畴，就嫌问题过大，也难以取得好的效果。至于抛开课文学习，让学生自主探究什么“地沟油的危害”之类的问题，则就扯得更远了。可见，自主探究式学习必须做到问题适度且有价值，必须紧密联系学生学习生活的实际，还必须让他们亲身参与考察、体验、思辨、探究、总结、提炼和整理的全过程。

当然，“地沟油的危害”之类的问题，学生也是应该关注并思辨的，这是他们作为公民的义务和权利，也是他们发育责任意识、社会良知、独立人格、自主精神的需要。但是，“地沟油的危害”之类的社会问题毕竟是由专门的社会机构来负责的，他们所作出的研究和结论应该更具权威性，中学生只需及时关注和参考就是了，绝不可用浪费生命的方式来做无用功。总之，自主探究式学习活动既要有益于学生学好文，更要有益于他们立魂做人，两者绝不可偏废，尤其不可只注重“做人”一极而远离甚至无视学生语文学习这一极。话说回来，如果可以抛开学生学好语文来说话，学生从事任何形式的自主探究式学习，对其身心发展似乎都不会有什么大危害。但是，学好语文毕竟是学生学习语文的本务，若他们的课外自主探究式学习离语文学习生活太远，恐怕就须谨慎为之了。在今天的语文教学背景下，有幸读到了洪宗礼这则教例，真的是受益匪浅。

五、情境引写：一扇生态作文之窗

【镜头回放】

传达室里访“传达”

课余，洪宗礼老师站在一棵硕大的银杏树下，饶有兴味地听初二(3)班的几位同学神聊。“好玩得不得了！”胡文星同学一脸的滑稽相，“今天早上，我从传达室门口走过，听到王老爹对着话筒直吼，‘什么，什么？七点多钟，还不关路灯，你们忙的哪一门？’啊呀，他那大嗓门，脸上青筋直暴。那样子，有趣极了！”他夸张的描绘，逗得大家一齐哄笑起来。

笑声很快也就过去了。学生在课余时间谈笑、逗趣，是极平常的事，“一笑而过”，“一乐而过”，一般的人不会引起注意。而洪老师却注意从学生的一颦一笑、一举一动、一番争论、一声叹息中，窥测学生心灵的奥秘。当胡文星他们哄笑的时候，洪老师心里却翻腾开来了：

“老传达打电话”，反映的是普通人关心国家的崇高思想和美好心灵，这是一个很好的写作材料。有些同学平时总是埋怨身边没有“闪光点”，现在，“闪光点”在眼前飞舞、跳跃，他们却“视而不见”，反而把“闪光点”当作“笑料”……洪老师心里有些激动了，他要提高同学们发现生活美的能力。于是，洪老师向大家提了几个问题：“王老爹平时说话总是和和气气的，今天怎么会发这么大脾气呢？王老爹究竟是发的无名火，还是发的有名火呢？”大家都静立着，若有所思。银杏树叶只在微风中轻轻作响，却也听得分外清晰。

“学做小记者，采访王老爹，听听他是怎么说的。”

于是，就有了“传达室里访‘传达’”。“王老爹，早上您给谁打电话，为啥那样生气呀？”“是给路灯管理站打电话。”“怎么啦？”“已经早上七点多了，他们还不关路灯。我打电话去问，他们倒好，轻飘飘地说，‘忘掉了’，还不当回事，满不在乎，我一听，就火奔头顶，一生气，嗓门就大了。后来我想想不服气，就又打电话找城管会的张主任……”

胡文星同学一脸激动的样子，动情地向洪老师叙述了“采访”情况。洪老师顺势说：“能不能将王老爹打电话的故事写成文章呢？最好再写几句‘附录’，说说自己写这篇小故事的体会。”语文课上，洪老师让胡文星同学向大家讲了“老传达打电话”的小故事，谈了自己写小故事的经过和体会。故事讲得很生动，体会谈得也不错。“生活中不是没有美，不是没有‘闪光点’，关键是我们要善于发现。睁开我们的眼睛，竖起我们的耳朵，留心周围的人和事，我们就会有新的发现，在新的发现中充实自己，发展自己。”洪老师的这几句话，吸引了大家，启迪了大家，胡文星同学听得比谁都入神。①

---

① 王铁源、程良方据听课记录整理。

【案例读后】

读罢这则案例，笔者想到了当下的中学作文教学，说实话，心里很不是滋味。说良心话，当下的中学作文教学，大都早已被中高考绑架，进而堕落成只为应试得分的文字游戏。中高考考什么，作文教学就逼着学生写什么；中高考采用什么形式考，作文教学就箍着学生训练什么形式的作文。高考曾一度考查材料作文，就只教学生练写材料作文，且中考向高考看齐；现在又流行附带解说词的所谓新命题作文，于是又只教学生练写这类作文。不知从哪一天起，作文教学就成了彻头彻尾的“三无”：无向、无序、无格。具体讲，就是没有了长远性的发展规划，没有了训练的梯度和顺序，没有了严格的文体规范训练，任由教师瞄着中高考作文进行所谓的仿真写作训练。其实，作文就是自己心灵的表达，就是说自己想要说的话，就是要尽量把自己想说的话写好。现在可倒好，搞得一切只为了中高考，也就谈不上什么真作文了。因此，读罢这则案例，在钦佩洪宗礼敏锐的抓写眼光和高超的引写艺术的同时，笔者还想到了以下几点：

（一）写作文必须回归学生的生活

有人主张，作文教学要贴近学生生活。笔者认为，这还不够，还应该更直接些，即回归学生的生活。对于中学生而言，就是回归他们的校园生活、家庭生活、社会生活等，具体点讲，就是要回归他们的课堂生活、读书生活、同学交际生活、亲人相处生活、节假日参观旅游生活等。从本质上讲，学生作文就是要表达对这些生活的阅读、观察、体验、思辨、看法和感悟等。所以，只有真正回归了学生的生活，他们才有可能真有话说，才有可能愿意去写，才有可能积极主动、想方设法地把想说的话写好。再进一步讲，只有这样，学生才会真正成为写作的主人，才会真正变“要我写”为“我要写”。

当下的作文训练,唯中高考作文题型是从,教师的眼里和心中根本就没有学生这个独立自主的人,整天整月整年地在那里搞什么中高考仿真命题作文训练,不管学生喜欢还是不喜欢,更不管学生是否真的有话说,只搞得学生心灵枯萎、生气凋零。更为可恨的是,有些命题者还故弄玄虚,什么"绽放""温度""踮起脚尖""提篮春光看妈妈"之类的作文题,随处可见,真不知学生该怎么去写!本来,命题作文就已经很不人性化了,总会有学生无法找到感觉,进而胡乱"挤一通牙膏"。面对这些故弄玄虚、不着边际的"玄题",不少学生更是只得坐在那里画鬼符了。总有一些人抱怨学生写作文言不由衷,甚至胡编乱造,但却很少有人批评这样的作文命题如何故弄玄虚,如何不食人间烟火。

洪老师不愧是大家,他的眼光是那么敏锐,在学生的闲聊之中能及时抓到写作指导的良机。其实,学生在课余时间谈笑、逗趣,是极平常的事,一笑而过,一乐而过,一般都不会引起人们的注意。而洪宗礼却不一样,他就能从学生的一颦一笑、一举一动、一番争论甚至一声叹息中窥得更有价值和意义的东西,并且还及时地抓住这个契机,引导学生回归自己的生活去寻找美、发现美、表现美。学生回归自己的生活,激情和灵性就被激活了,有真情实感的好作文也就写出来了。前面提到过,学生的生活领域还是比较宽的,关键是教师要善于引导他们真正回归真实的生活,善于启发他们去观察、体验、思辨、发现和感悟。洪宗礼就很善于这样做,而且做得很实很好。

(二)学生的发现和感悟离不开教师的引导和启发

说起让学生回归自己的生活,恐怕没有谁不认为这很重要。要观察生活,要留心自己的生活,要善于思辨、发现和感悟。这样的话,恐怕每个语文教师都不止一次地对学生强调过,但学生就是不领情,仍旧是对自己的生活不够留心,仍旧是不善观察和思辨,仍旧是很少(甚至没有)发现和感悟。原因何在,就是很少有人深入学生生活,实打实地引导和启发学生如何去观察、体验、思辨、发现和感悟。请看,洪宗礼是这样做的:

> "老传达打电话",反映的是普通人关心国家的崇高思想和美好心灵,这是一个很好的写作材料。
>
> 于是他引导学生:"王老爹平时说话总是和和气气的,今天怎么会发这么大脾气呢?王老爹究竟是发的无名火,还是发的有名火呢?"大家都静立着,若有所思。
>
> 接着,他要求学生:"学做小记者,采访王老爹,听听他是怎么说的。"
>
> 听了"老传达打电话"的小故事,他又进一步指导:"生活中不是没有美,不是没有'闪光点',关键是我们要善于发现。睁开我们的眼睛,竖起我们的耳朵,留心周围的人和事,我们就会有新的发现,在新的发现中充实自己,发展自己。"

请问,今天还能有多少语文教师像洪宗礼这样身临其境,循循善诱地引导学生学观察,学思辨,学感悟,学写作?洪宗礼这里,没有什么玄深、繁杂的写作理论,更没有滔滔不绝的"正确的废话",有的只是朴实的、真心的、生态化的启发和引导。现在,我们的学生之所以越写越没有兴趣,甚至越写越厌恨,在很大程度上讲,就是很多语文教师只擅长嘴巴功夫,只喜欢跟学生空对空地讲写作技法,只乐意箍着学生搞所谓的仿真写作训练。其实,如果我们的作文命题都能很注意回归学生生活,并且教师都能够做到生态化地启发和引导,学生就不可能还那么讨厌作文,也不可能为了应付训练而生涂硬挤。可见,学生的发现和感悟不可能依靠教师的空谈而生成,更不可能是急功近利的仿真写作训练能够训练出来的,唯一可靠的途径就是教师生态化的引导和启发。

(三)生活情境作文训练是中学写作教学健康发展的一个重要途径

读罢这则案例,笔者想到了它给我们的诸多启示,尤其想到了情境作文。可以毫不夸张地讲,洪宗礼用这则情境引写的案例为我们开辟了一扇窗,一扇生态作文之窗。所谓情境作文,是指师生充分利用自然和社会生活情境(或由师生共同创设有关生活情境的活动),激励、启发、引导、帮助学生,使他们产生写作的欲望和冲动,并在写作过程中不断增强自我意识和写作自信,积极参与写作训练的全过程,迅速提高写作能力的一种写作教学方式。对于中学作文教学而言,情境写作教学具有突破性的价值与意义。在写作实践上,它克服学生"巧妇难为无米之炊"的难题,从源头上解决了学生写作素材的来源问题;在写作心理上,它克服了学生"畏惧写作"的心理,强化了学生写作的自信;在写作内容上,它为学生提供了鲜活真实、可感可触的写作素材,克服了作文内容虚假、表达干瘪、语言无味的毛病;在写作方式上,它预设了多样式的生活情境,给学生创设了开放和有活力的表达时空;在写作效能上,它充分体现了学生个性化的体验、感悟与高效表达,从而大大提高作文教学的效益。笔者认为,情境作文是学生认识自我、认识世界、张扬个性的过程,也是他们自我反思与自我发展的过程。在这个过程中,教师与学生、学生与学生之间合作与互动是真实而富有成效的。因为情境作文训练始终都从学生的习作实际和情感需要出发,充分尊重学生的体验和感受,为学生创设符合学生表达实际和兴趣的生活情境,并鼓励他们自由地并有创意地表达。这一点,20多年前洪宗礼就已经十分明确了,所以才有了今天我们所能读到的这么成功的情境引写案例。有专家认为,情境作文应遵循生活性、主体性、发展性、因材施教、尊重学生兴趣和选择、引导和激励等原则。其实,在洪宗礼这则案例中处处都体现着这些原则,足见洪宗礼的写作教学理念之前卫。

当下,尽管为应对升学考试学生都必须写作文,但广大中小学生最害怕的仍是作文,成绩最拿不出手的还是作文。这已成了不争的事实。为此,教师、学生乃至家长都很苦恼。为了提高孩子的作文水平,为了能在考场上多得几分,不少教师和家长都为孩子买来了一本本作文书,结果孩子一写作文不是克隆就是翻拍,仍旧是没有自己的思想和情感。究其根源,主要还是缺乏自己真实的体验、感受和思辨。如果我们在平时的作文教学中就能像洪宗礼那样,常给学生创设体验和感受的情境,让他们走进自然、走进生活、走进社会,用自己的生命去深切体验和感受,用自己的头脑去深入地思辨和感悟,用自己的生命和心灵写真实的作文,他们也许就不会再那么害怕、讨厌写作文了,他们的作文也许真的就会有长足的进步。洪宗礼的这则情境引写案例,在当下的语文教学背景下应该是很有价值的,应该引起我们的高度关注和深刻反思。

洪氏课堂教学艺术品读五例

一、不忽一字一句，自能读出真味——《藤野先生》引读教例

【引读意图】

这篇课文的引读重点是：通过比较、品味、揣摩，体会文章的深意和作者遣词造句的功力，逐步养成认真读书的习惯。名篇佳作，无不字字珠玑，句句精妙。要能领会文章的精妙之处，消化和吸收其中的营养，必须仔细品味，反复揣摩。这节课旨在通过重点精读，有意识地培养学生认真读书的习惯。

【教例展示】

（以藤野先生的照片导入新课，板书课题后，教师要求学生根据“思考和练习”第五题的提示，把全文快读一遍，着重于了解课文概要。）

师　现在请大家把课文的第三节齐读一遍。

生　(齐读)

师　“到别的地方去看看,如何呢?”鲁迅先生说这句话的时候是在什么地方?

生　(齐)东——京。

师　鲁迅先生是从哪里去东京的?为什么要去东京?

(学生回答,略)

师　鲁迅先生到日本去留学,完全是为了救国救民。

东京是日本的首都,条件应当说比较好些。但是,鲁迅先生到东京之后,却要离开东京,到别的地方去,这又是什么道理呢?要离开东京,“到别的地方去看看”,这言外之意又是什么呢?

生　就是说东京这个地方不好。

生　就是说东京不如鲁迅先生的意,鲁迅先生对东京不满意。

师　能举出原文作为根据吗?

生　文章开头第一句,“东京也无非是这样”。“无非”,就是“不过”。“东京也无非是这样”就是说东京也不过是如此。鲁迅先生来东京之前,满怀希望,可到东京一看,也不过如此。这就使他失望。

师　讲得好。那么,“东京也无非是这样”,“这样”,什么样呢?是什么使鲁迅先生大失所望呢?大家仔细看课文的一、二两小节。

(学生边看书,边思考)

生　东京有樱花,有“清国留学生”。

师　樱花怎样?

生　“樱花烂漫的时节”,望去(教师插话:是“望去”,不是“近看”)“确也像绯红的轻云”。

师　这个比喻,反映了鲁迅先生对东京的樱花还是满意的,可是“清国留学生”又怎样呢？

生 头顶上盘着大辫子，顶得帽子顶上“形成一座富士山”。

师 为什么不说“形成一座泰山”或者“形成一座其他什么山”？

生 过去我们学过，夸张也好，打比方也好，最好“就近取材”，这样才贴切，有地方特色。“富士山”是日本最高的山，山体像圆锥，而“清国留学生”又在日本，所以鲁迅先生用“富士山”来形容。

师 好。能灵活运用学过的知识解决问题。再继续讨论“清国留学生”是怎样的？

生 “清国留学生”的辫子油光可鉴，（教师插话：“鉴”的原意是什么？这时作什么讲？“油光可鉴”的意思是什么？学生引用注释来回答。）走起路来还要将脖子“扭几扭”，“实在标致极了”。

师 “标致”原意是漂亮，这里是反语，作什么讲？

生 丑态百出！

生 令人作呕！

师 为什么不直接说“丑态百出”“令人作呕”，而要用反语“标致”，而且前面加上“实在”，后面加上“极了”？

生 反语，讽刺力量大。再加上“实在”和“极了”，讽刺性就更强了。

师 对。“实在标致”，“标致极了”，都不如“实在标致极了”有力有味。

师 同学们，上面所说的这些丑态百出的“清国留学生”，鲁迅先生是在东京的什么地方看到的？

生 在“花下”。

师 人有多少？

生 “成群结队的”。

师 据有关资料说，这里的“花下”“成群结队的”等词语，原稿中本没有,是作者在定稿时加上去的。没有这些修饰语,句子也通,但是不够具体形象。一加上去,那些“清国留学生”无心读书、贪图玩乐的丑态便跃然纸上了。

如果说,第一节主要是写白天所见(板书:白天所见)的“清国留学生”,那么,第二节呢?

生 写夜里所闻。(教师板书:夜里所闻)

师 听到什么?

生 咚咚咚地跳舞声。

师 这咚咚咚的响声是从哪里传来的?

生 “有一间的地板”。

师 鲁迅先生怎么知道这咚咚咚的响声是清国留学生的跳舞声,为什么不说是“摔跤声”“打斗声”?

生 鲁迅先生问过人。

师 问过什么人?

生 “精通时事的人”。

师 同学们,“有一间的”这四个字,原稿中也没有。这样“地板”的范围就不确定。修改时加上“有一间的”,范围就确定了。原稿“响”的状语只有“咚咚”二字,修改时增加了一个“咚”字,更能确切地描绘当时当地板响而乱的情景。“精通”一词,原稿中为“熟识”。“精通”比“熟识”词义深而重些,调换后更加准确地刻画了人物的情貌,真是入木三分。

师 从鲁迅先生对“清国留学生”的描写中,可以清楚地看出,鲁迅先生对无心读书、成天寻欢作乐的“清国留学生”是什么感情?

生 厌恶!

生 痛恨!

生 鄙视!

师 现在我们应当都明白了东京为什么使鲁迅先生大失

所望。

生 是因为那些醉生梦死的“清国留学生”。

师 鲁迅先生要离开东京，是因为不愿意与那些“清国留学生”同流合污，并不是其他什么原因，更不是因为东京的自然景色不美。所以鲁迅先生在写了樱花像“绯红的轻云”之后，立即用“但”字一转，转到了“清国留学生”身上。这个“但”字很有作用，它把作者的笔锋从“花”移到了“人”，突出了文章开头两小节的描写对象，强调了使作者失望而要到别处去看看的根本原因。

师 鲁迅先生到日本留学，是为了救国救民，是爱国主义思想支配他的行动；鲁迅先生离开东京到别处去看看，是因为不愿意与不关心国家民族命运的“清国留学生”同流合污，也是爱国主义思想支配他的行动。既然“东京也无非是这样”，所以，鲁迅先生要“到别的地方去看看”。同学们，开头这一句话在文章里的作用，大家都明白了吧？

生 表达了作者到东京之后的失望的心情。

生 领起了一、二两节的内容。

生 呼应了第三节。

师 现在，我再问大家一个字，“东京也无非是这样”，这句话当中的“也”字作什么讲？为什么要写上这个“也”字？把这句话变成“东京无非是这样”行不行？（教师在黑板上写出一个句子“他是学生，我也是学生。”，学生说出句中“也”字作“同样”讲，教师启发学生在“东京也无非是这样”前面加上一句话，许多学生加上“国内是这样”。）

师 “国内是这样，东京（国外）也无非是这样。”一个“也”字，就把国内使人失望和愤慨的情绪也带进了文章，做到言简意深，意在言外，发人深思，余味无穷。鲁迅先生真不愧是语言大师！同学们，鲁迅先生的文章，其他许多写作态度严谨的作者的文章，都值得我们仔细品味,反复研究。只有认真读书,做到"一字未宜忽,语语悟其神",才能体会文章的精妙之处,从中吸取营养,不断提高自己。

现在,请大家把《藤野先生》的开头三节再齐读一遍,好好体会一下每字每句的含义和饱蕴的感情。

(学生齐读)

下课。

【教例读后】

读洪宗礼的这节教例,很是解渴。原因者何?很简单,就是这课上得很语文。

"东京也无非是这样",这句话再平常不过了。到了洪宗礼这里,却紧紧地揪住个"也"字不肯放。他追问学生:为什么要写上这个"也"字?把这句话变成"东京无非是这样"行不行?学生说出句中"也"字作"同样"讲,洪宗礼还不肯作罢,仍启发学生:若在"东京也无非是这样"前面加上一句话,该加上一句什么样的话?结果,许多学生加上"国内是这样"。

洪宗礼要的就是这个效果,于是立马趁热激发:

> "国内是这样,东京(国外)也无非是这样。"一个"也"字,就把国内使人失望和愤慨的情绪也带进了文章,做到言简意深,意在言外,发人深思,余味无穷。鲁迅先生真不愧是语言大师!同学们,鲁迅先生的文章,其他许多写作态度严谨的作者的文章,都值得我们仔细品味,反复研究。只有认真读书,做到"一字未宜忽,语语悟其神",才能体会文章的精妙之处,从中吸取营养,不断提高自己。现在,请大家把《藤野先生》的

开头三节再齐读一遍，好好体会一下每字每句的含义和饱蕴的感情。

这番话一出，学生怎能不对鲁迅这位语言大师倍增崇敬？怎能不对母语的魅力倍增敬畏？怎能不依照老师的指导用心地去品嚼语言文字的真滋味呢？

再如，“东京也无非是这样”中的“无非”，“辫子油光可鉴”中的“鉴”，“绯红的轻云”之后的“但”等，都是寻常字眼，都很容易被一些人的眼光给溜掉。但在洪宗礼的引读课上，这些字词都鲜活生动起来，别有一番滋味了。

我们都主张要强化人文教育、品格教育、母语教育等，岂不知这种种的“教育”都只能是自然无痕地有机渗入的，而绝不是明晃晃、赤裸裸、硬邦邦地强塞给学生的！洪宗礼的课上得很语文，又何曾不是上得很人文！当下，一些教师动辄认为课文一读就懂，往往自觉不自觉地放过了一些饱含作者深意的字词，把语文课上得很不语文，更谈不上自然而有机地融入人文了，往往导致学生无甚收获，非常讨厌。对比洪宗礼的这节教例，我们须用心做好的只有虚心取经和深刻反思。当然，最好是从现在就开始，一步一个脚印地扎实做起。

叶圣陶先生认为，读书“最要紧的还在多比较，多归纳，多揣摩，多体会，一字一语都不轻易放过，务必发现它的特性。唯有这样阅读，才能够发掘文章的蕴蓄，没有一点含糊”。鲁迅先生的文章，五四以来的一些老作家的优秀作品，对现在的中学生来说，难度一般都比较大。怎么引导学生真正读懂这些文章呢？有目的地选取精彩段落，启发学生重点精读，做到关键字“一字不忽”，重点句“一句不放”，咬过来，嚼过去，不得其中“三昧”不释卷，恐怕该是我们应当选择的一种教法。学生经过了这样的精读训练，逐步培养起认真读书的习惯，肯定会一辈子受用的。

二、设悬置疑,激发兴趣——《谈骨气》引读教例

【引读意图】

这篇课文的引读重点是:设悬置疑,培养学生自读的兴趣,调动学生自读的积极性。在教师引导下学生自己去读,理应成为学生的“乐事”,而非“苦差”。“热爱是最好的老师。”“好之”并“乐之”,方能主动去读之,潜心去攻之。这两节引读课,旨在诱发学生自读的兴趣,调动学生自读的积极性。这是引读的一个重要前提和基本原则。

【教例展示】

第一课时

师 同学们已经预习了,从题目和内容来看这篇文章是什么文体啊?

生 (齐答)议论文。

师 你们是怎么知道的呢?

生 题目上有个“谈”字。

生 文章是谈作者对骨气的看法。

生 这篇文章是摆事实讲道理的。

师 大家说得很好。你们在小学里读的议论文很少,可是今天大家通过预习,很快能讲出议论文的一些特点,可见同学们是很会动脑筋的,也可见议论文与记叙文的区别是明显的。是的,题目上有“谈”“说”“论”之类的词,一般是议论文的标志。可也不是说,议论文一定要有这类标志性词语,比如,上一课学的《纪念白求恩》就是这样。所以,是不是议论文,光看有没有标志性词语是不够的,主要是应当弄清议论文的性质特点。那么,什么是议论文

呢？请大家看知识短文。

（学生了解议论文，分析课文结构层次）

第二课时

师 现在，我们先重点研讨一下，为什么说这篇文章写得好？它好在哪里？请大家各抒己见。看谁准备得充分，谁说得准确，说得清楚。发表意见要运用课本上的语言。

生 题目定得好。

师 好在哪里？

生 “谈骨气”，只三个字，就讲清了议论的对象，也表明了文章的体裁。

生 醒目突出，简明扼要。

师 是的，好题目总是一下子就接触中心，叫读者一看就忘不掉。

师 还有什么好呢？

生 论点明确。

生 不，叫论点鲜明。

师 什么叫鲜明？

生 鲜明就是不含糊，肯定什么，否定什么，赞成什么，反对什么，明明白白。

师 这篇文章肯定了什么？

生 “我们（拉长读音）中国人是有骨气的”。

师 大家注意，刚才这位同学把“我们”这个词读得又重又长，表明什么感情？

生 骄傲。

生 不对，是自豪。

师 说得真好。这种自豪感正是作者要表达的感情，就是强烈的爱国主义感情和民族自豪感。同学们能体会出作者的感情，很好!

生 我认为观点鲜明,还有另外的意思。

师 什么意思?

生 观点鲜明还要求把观点的意思讲清楚。

师 说准确点,就是阐述清楚。作者是怎样阐述论点的?

生 第二节引用孟子的话来阐述骨气的含义。

师 怎样用孟子的话来阐述的呢?

生 先引用孟子的话,再对孟子的话作解释,最后作者对骨气的含义进行概括。

(教师对第三节"有骨气是我们民族的优良传统",第四节不同社会、不同阶级骨气的不同含义作扼要分析。)

师 这篇文章,除了题目醒目、观点鲜明外,还有什么好的地方?

生 举了不少例子,有说服力。

师 举了例子,文章就一定有说服力吗?

生 例子要举得好。

师 什么例子举得好?

生 文天祥的例子感动人。

师 什么地方感动了你?

生 (简述文天祥的事迹,诵读文天祥的诗句)"人生自古谁无死,留取丹心照汗青。"

师 其他例子不感人吗?

生 不食嗟来之食的例子也感人,闻一多的例子也感人。

(学生概括事例,略)

师 大家说得好。用来说明观点的事例一定要感人,一定要有说服力。所以要选择典型的例子。

(有的同学小声议论:"写成记叙文不是更感人吗?")

师　有同学讲“写成记叙文更感人”，这是对的，但记叙文要求以事感人，可以铺叙；而议论文要求以理服人，应以说理为主，用例只是为了证明自己看法的正确。所以用例不但要典型，而且文字要概括。这篇文章举三个例子，只用了两三百字，写得很简练。

生　请问老师，既然议论文举例是为了说明论点，那么举一个例子不是就可以了吗？为什么要举三个例子？

师　这个问题问得非常好。哪位同学能回答？

（学生沉默）

师　可以跟前后左右的同学讨论讨论，也可以再读读课文。（同学们纷纷看书，有的小声议论）

生　我认为三个例子各有各的用处。第一个文天祥的例子说明“富贵不能淫”；第二个不食嗟来之食的例子说明“贫贱不能移”；第三个闻一多的例子说明“威武不能屈”。每个例子各说明一句话。

师　你分析得很有道理。事例是用来说明论点的，因此，用例子要根据表达观点的需要，也就是观点和材料要统一。当然，也不是机械地一个观点对一个例子，有时一个例子也可以证明几个观点，有时一个观点也可以用几个例子来证明——这也得看需要。

大家再想一想，用三个例子还有没有别的原因？

生　课文第三节写了“我国经过了奴隶社会、封建社会的漫长时期，每个时代都有很多这样有骨气的人”。现在从不同时代、不同角度举三个例子，更能说明“漫长”“每个时代”“很多”，证明“我们中国人是有骨气的”，“我们是有着优良革命传统的民族”。

师　你补充得很好。这样我们对文章用例的好处，理解得比较全面了。大家再看，文章写到最后说：“我们无产阶级有自己的英雄气概，有自己的骨气。”无产阶级的骨气是什么呢？它跟过去“为当时的进步事业服务的”骨气有什么不同呢？

生 无产阶级的骨气，就是：绝不向任何困难低头，压不扁，折不弯，顶得住，吓不倒，为了社会主义、共产主义建设的胜利，一定能克服困难，奋勇前进。

师 你能举例说说什么是无产阶级的骨气吗？

（学生举王若飞、叶挺、方志敏、刘胡兰、李四光、张志新、中国女排等事例，证明什么是无产阶级的“不能淫”“不能屈”“不能移”。）

师 同学们，今天通过自读、讨论，我们不但了解了议论文的一般特点，而且能自己分析《谈骨气》的特点，说明我们初一的学生能不能学好议论文啊？

生 能！——（齐声）

师 学议论文难不难啊？

生 不——难。

师 大家不怕难就好。下课以后希望大家围绕班级里如何建设精神文明这个中心，各人确定一两个观点，选择一些例子加以证明。课后开一个主题班会，每个人对班级如何建设精神文明贡献一个建议，并申述理由，看谁的意见有价值。好不好啊？

生 好。

师 学议论文不难，不过我得提醒大家一句，我们今天学的是简单的议论文，以后还要学比较复杂比较深的议论文。但大家只要有信心，肯钻研，又掌握了方法，就可以用自己的钥匙去打开议论文学习的大门。

【教例读后】

这两节课的引读意图是激发学生的阅读兴趣。那么，究竟怎样去激发呢？洪宗礼自有他独到的招数，如恰到好处地进行预习指导，以引起学生探求知识的兴趣；有目的地指点自读自研的门径，让学生眼到、口到、手到、心到，自然而然地产生兴趣；引导学生入境，与作者的感情接近，进而激发起他们的兴趣；层层追问，让学生逐层深入思索，一步步地去发现文章的妙处，激发他们学习的兴趣；引导学生用自己的积累去分析和解决问题，顺理成章地破“难”，从畏难转而生趣；让学生自由讨论，各抒己见，集思广益，发展学生创造性思维，进而产生独创的快感和兴趣；让学生把初步掌握的议论文的基本知识运用于阅读实践，以运用的实效激发学生的阅读兴趣等。读完这两节课的教例，我们不难强烈地感受到这些招数，印象最深的有两处：一是师生共同梳理课文的结构层次，概括段落大意；二是在讨论分析的过程中自然渗透规律和方法，效果极佳。

比如，洪宗礼先请两位学生板书课文分段情况和自己概括的中心论点，而后再有针对性地引导学生探讨。师生合作探讨之后，洪宗礼再板书更合理的课文分段情况。这样引读，针对性很强，也更能激发学生思考、探讨的兴趣，充分调动他们解决问题的积极性和主动性。同时，洪宗礼这样引读，也大大加深了学生对问题的理解，进而真正理解和把握了课文的结构层次。再比如，当有学生讲“写成记叙文更感人”时，洪宗礼马上适时强调，记叙文要求以事感人，可以铺叙；而议论文要求以理服人，应以说理为主，用例只是为了证明自己看法的正确。所以用例不但要典型，而且文字要概括。这篇文章举了三个例子，只用了两三百字，写得很简练。当有学生认为课文的三个例子各有各的用处，每个例子各说明一句话时，洪宗礼又马上适时强调，事例是用来说明论点的，因此，用例子要根据表达观点的需要，也就是观点和材料要统一。当然，也不是机械地一个观点对一个例子，有时一个例子也可以证明几个观点，有时一个观点也可以用几个例子来证明——这也得看需要。这样的强调是在发现学生概念模糊的当口及时跟进的，自然针对性很强，效果也极佳。这就叫了解学生，尊重学生，当讲解时必须讲解。

可见，洪宗礼的课堂是充满引读智慧的，这也是他深厚的语文素养和高超的引读艺术之体现。当学生思维就要跑偏、就要产生混淆、就要以偏概全之际，洪宗礼总是能够明察秋毫，“该出手时就出手”，立即进行明辨和纠偏，让学生在积极主动、自然融洽的氛围中学得规律和方法。这种功夫才是洪氏引读的真功夫，是洪宗礼长期潜心修炼的结果，很值得我们用心学习、体悟和借鉴。

其实，学生自读课文并非全无兴趣。比如新学期开始，许多学生就把新课本上那些诗歌、小说、故事、寓言等类课文都读过了，真所谓先睹为快，兴致勃勃。然而，读书毕竟不是仅仅为了好玩、有趣，而是为了从文章中、书籍中获取知识，吸收滋养，从各方面提升自己。这两节课，洪宗礼根据议论文的文体特点，抓住学生学议论文之初的畏难心理，引导学生从自读、自查、自释、自问、自答以及师生之间互相讨论等一连串学习活动中，体会范文本身的魅力，从而满足了他们对知识、对提高自己阅读和表达能力的渴求。这样做很有利于激发学生广泛阅读各类文章的兴趣，全面调动学生主动学好语文的积极性，培养他们主动地、创造性地获取知识的意志品格。

洪宗礼的激趣、引读艺术，充满了激发、尊重和鼓舞学生的爱心与智慧，我们这些有志于把语文教好的晚辈，不可不虔心学习，深刻反思并用心实践啊！

三、以读为主，读议结合——《唐雎不辱使命》引读教例

【引读意图】

这篇课文的引读重点是：从以教师讲解为主转变为以学生诵读为主，从讲读割裂转变为且读且议、读议结合。将诵读练习和词

语的推敲、氛围的体验、心理的探微结合起来，以思导读，以读喻文，读读议议，读出文章的真味道、真功夫，进而把握作者的意图、作品的妙处。

【教例展示】

师 今天我们继续学习文言文《唐雎不辱使命》。昨天的语文课上，同学们凭借课文的注释和工具书，认真阅读了课文，少量没有读懂的词句，也通过反复揣摩、相互磋商、质疑问难，大体上搞懂了。在昨天以默读为主的基础上，今天则以朗读为主。通过对课文的吟哦讽诵，且读且议，以加深对课文的领悟。

对这篇课文诵读体味的重点在于人物的对话。为了诵读练习的方便，我们分四个层次读议。先读第一个层次：秦王向安陵君和唐雎提出"以五百里之地易安陵"的语句。请同学读出相关的语句。

生读 秦王使人谓安陵君曰："寡人欲以五百里之地易安陵，安陵君其许寡人！"

生读 秦王谓唐雎曰："寡人以五百里之地易安陵，安陵君不听寡人，何也？且秦灭韩亡魏，而君以五十里之地存者，以君为长者，故不错意也。今吾以十倍之地，请广于君，而君逆寡人者，轻寡人与？"

师 "安陵君其许寡人"的"其"怎么理解？

生 代词，代安陵君。

生 不当代词"他"讲。我查了《古汉语常用字字典》，这里有"可要""一定"的意思，表示劝告、命令的语气。

生 "其"用在这里不是指代，而是表示语气。这一句末尾用上感叹号，更加强化了命令的口气，表示没有商量的余地。

师 我赞同后面两位同学的意见。再看，秦王对唐雎说："安陵君不听寡人,何也?”这一句中的“听”怎么理解?

生 这里的“听”,是“听从”“听命”的意思。句末用上问号,表达一种责问的语气。

师 对。秦王又责问:“而君逆寡人者,轻寡人与?”这一句中的“逆”和“与”怎么理解才恰当?

生 “逆”,违背,违抗;“与”,注释告诉我们,表示一种语气,相当于“吗”。安陵君胆敢违抗我,是看不起我吗?

师 请大家琢磨琢磨,秦王要安陵君听从他的命令,不许违抗,违抗了就责问,就问罪。他已经把自己放在一个什么位置上?

生 长辈对晚辈的位置上。

师 可以这么说。有没有更准确的说法?

生 有,是君主对臣子的位置上。

师 秦王无论是通过使者向安陵君传达他的话,还是直接向安陵君的使者唐雎讲话,都是用的命令和责问的口气。现在请同学朗读这两段话,将秦王的神情、态度和语气读出来。

(学生先揣摩试读,后举手诵读)

师 同学们确实将秦王的神态、口气读出来了,现在再进一步想想,能不能找一个恰当的成语,将秦王这种神态、语气描述出来。

生 气势汹汹。

师 行,还有更好的吗?

生 盛气凌人。

师 好,还有更好的吗?

生 咄咄逼人。

师 更好。请大家自由诵读秦王这两段话,把他这种咄咄逼人的蛮横之气充分表现出来。

师 现在再来研究第二个层次:安陵君和唐雎回答秦王命令和责难的话。

生读 安陵君曰:“大王加惠,以大易小,甚善;虽然,受地于先王,愿终守之,弗敢易!”

生读 唐雎对曰:“否,非若是也。安陵君受地于先王而守之,虽千里不敢易也,岂直五百里哉?”

师 请细心比较一下,同样表达不愿意用安陵与秦国五百里地交换的内容,唐雎和安陵君答话的态度、措辞有哪些相同和不同的地方。先比较相同的地方。

生 唐雎和安陵君答话相同的地方是:都是说明安陵是“受地于先王”,要“守”住这块土地,不敢与秦国交换。

师 回答正确。能不能用一个成语将唐雎和安陵君这一共同的态度描述一下?

生 不卑不亢。

师 行。

生 不亢不卑。

师 也行。再比较不同的地方。

生 安陵君先肯定秦王的用意,是“加惠”;唐雎一上来就否定了秦王的责问,“否,非若是也”。安陵君的态度远不如唐雎来得坚决。

生 安陵君说秦王拿五百里地换安陵五十里,是“以大易小,甚善”;唐雎说“虽千里”也不换,何况“五百里哉”。他们都表达了不愿换地的意见,但安陵君委婉、软弱,唐雎则干脆、彻底,毫不含糊。

师 同学们能说出这两点不同的地方,说明读书很细心,但看出这两点不同,还是比较容易的。还有一点不同的地方,一定要潜心阅读、静心思索,才能发现。大家能不能深入一步思考,比出其中的差异?

(学生读书、思考,陷入“愤悱”境地)

师　留心唐雎、安陵君所处环境和面临对象的差异，可能会有所发现。

生　唐雎和安陵君所处环境不同，安陵君是在本国国土上，唐雎则已远离本土进入秦境。

生　唐雎和安陵君面对的对象也不同，安陵君面对的是秦王的使者，而唐雎面对的是凶暴的秦王。唐雎进行的是一场面对面的短兵相接的斗争。

师　说得好，有比较才能鉴别，有鉴别才能获得更新颖、更深刻的认识。由此看来，描述唐雎的态度只用“不卑不亢”还不够，应该以“不×不×”的格式，再用一个色彩更强烈的成语来描述唐雎的英雄气概。谁能想到这个词儿？

生　不折不扣。

生　“不折不扣”是指不打折扣。应该用“不屈不挠”，在恶势力面前不屈服，不低头。

师　好！现在就请大家把安陵君和唐雎“不卑不亢”特别是唐雎“不屈不挠”的神态、语气读出来。

师　现在进一步研究第三个层次：秦王宣扬的“天子之怒”和他轻蔑“布衣之怒”以及唐雎正告秦王“布衣之怒”的话。请同学们把相关的语句找出来，先默读，后朗读，体味其中的情感与气势。

生读　秦王曰：“天子之怒，伏尸百万，流血千里。”

生读　秦王曰：“布衣之怒，亦免冠徒跣，以头抢地耳。”

生读　唐雎曰：“此庸夫之怒也，非士之怒也。夫专诸之刺王僚也，彗星袭月；聂政之刺韩傀也，白虹贯日；要离之刺庆忌也，苍鹰击于殿上。此三子者，皆布衣之士也，怀怒未发，休祲降于天，与臣而将四矣。若士必怒，伏尸二人，流血五步，天下缟素，今日是也。”

师　我们先来研究唐雎“布衣之怒”的话。唐雎说的这一段话，用了七个“也”字，有的用在句中，有的用在句末。朗读时注意体味,用在句中和句末,在表达的语气上有什么不同。

(学生体味不出语气上的差异,教师示范朗读,引导学生比较)

生 我发现,“也”用在句末,表示判断的语气;用在句中,好像是让语气舒缓一下。

师 说得完全正确。但由此又产生了两个疑问。第一个是,唐雎说:“此庸夫之怒也,非士之怒也。”这都是表示判断,判断的语气还有没有差异?

生 有。前一句表示肯定判断,后一句表示否定判断,读起来语气不完全相同。我读这两句,把后一句的“非”字读重了,差异就很明显了。

师 好啊!在唐雎回击秦王的话中,还有表示这两种判断的语句吗?找出来,还要将这两种判断不同的语气读出来。

生 上一段“否,非若是也。”表示否定的语气;这一段“若士必怒,伏尸二人,流血五步,天下缟素,今日是也。”表示肯定的语气。前一句我将“否”读重,后一句我将“是”读重。

师 不错。我这里还有第二个疑问,唐雎勇斗秦王,剑拔弩张。在这样的氛围里,还用“也”在句中舒缓语气,不是削弱了或者淡化了这种紧张气氛吗?要回答这个难度较大的问题,还是先反复诵读相关的语句,边读边思,将口诵与心悟有机结合起来。

(学生读读想想,想想议议,似有所悟)

生 我的体会是:用在句中的“也”,是舒缓语气,但是一种蓄势,是为了使后一句说出来更紧迫,更有气势。

师 你看,将口诵与心悟结合起来,吟哦讽诵而后得之,终于“得”了,得到了作者不便明言的意图,悟得了作者遣词造句的佳妙。就请你把这种舒缓蓄势的语气读出来。

(学生诵读,同学为之鼓掌)

师 “彗星袭月”“白虹贯日”“苍鹰击于殿上”,都是自然现象。唐雎列举这些自然现象，是表现刺杀者的气概、气势和怒气。成语宝库中描述这种气概、气势和怒气的不少，能不能举出几个以“气”字起头的成语来？

生 气势磅礴。

生 气贯长虹。

生 气冲霄汉。

生 气冲牛斗。

生 气壮山河。

生 气吞山河。

师 真不容易！六位同学一个接一个，竟然说出六个“气”字起头的成语，而且个个都恰当，都贴切，看来，同学们的成语宝库里还真储备得不少。现在请同学朗读唐雎这段话，努力把这种贯长虹、冲霄汉、吞山河的气概读出来。

（学生反复诵读，仔细琢磨，完全进入角色；指名诵读者读得有声有色）

师 现在还有一个反差很大的问题，需要我们做认真的思考。唐雎的“布衣之怒”，是针对秦王的“天子之怒”而发的。“天子之怒”是“伏尸百万，流血千里”，而“布衣之怒”只是“伏尸二人，流血五步”。可是，天子并没有吓倒布衣，布衣倒反而吓倒了天子，这是为什么？

（学生陷入沉思，无人举手）

师 回答这样难度较大的问题，需要进一步读通课文。大家在读中悟，悟后读，读后思，把感悟、理解、欣赏统一起来，一定会找到理想的答案。

（有人在口诵心惟之后，似有所悟，同桌小声议论，零星地有举手要求发言者）

生 官越大，越怕死，皇帝老儿最怕死。老百姓，无牵挂，对死不害怕。

师 有道理,表达也简洁,但这还是一般道理。根据本文所提供的情境,根据秦王和唐雎所面临的形势,还可以表达得更准确、更深刻一些。

生 秦王的话是吓唬唐雎的空话,不能立即实现;唐雎的话是横下一条心跟秦王拼命的声明,立即可以兑现。

师 见解正确,表达也到位。根据这一理解,朗读秦王所说的"天子之怒"的话和唐雎所说的"布衣之怒"的话,在声调上、语气上有什么区别?为什么会有这样的区别?

(学生自由诵读,认真辨别)

师 说不出差别来也不要紧,我们推举一位同学,让他有声有色地朗读第三段,我们从他朗读的声调、语气上说说有什么区别。

(一人诵读第三段,声音的高与低、节奏的疾与徐,恰到好处)

生 我听出来了,读秦王"天子之怒"的话,声音大一点,表现秦王色厉内荏、外强中干的本质;读唐雎"布衣之怒"的话,声音要深沉一些,表现他有坚定的信心,有果敢的决断。

师 说得何等的好啊!看来从所读的语气中,可以探究出人物的心理。反过来说,尽管人物的心理是肉眼所不可见的,但表现在人物的语气、语调上,耳朵是可以听得出的。

师 最后我们共同研究第四个层次。课文有两处写秦王对唐雎讲秦灭韩亡魏而安陵国独存的原因,我们将这两段话找出来,再做些比较与分析,对我们也会有很大的启迪。

生读 秦王谓唐雎曰:"……且秦灭韩亡魏,而君以五十里之地存者,以君为长者,故不错意也。……"

生读 秦王色挠,长跪而谢之曰:"先生坐!何至于此!寡人谕矣:夫韩、魏灭亡,而安陵以五十里之地存者,徒以有先生也。"

师 大家再进一步做些比较与辨微:同样出自目空一切的秦

王之口，同样讲灭韩亡魏而安陵独存的原因，前后两次在神态上、口气上有什么不同？

生 前一次是发怒的神态，后一次是惊慌失措的神色。

生 前一次口气强硬，带有责备和威胁的口吻，后一次慌慌张张，是道歉和奉承的口气。

师 一经比较，秦王态度的前后不同异常明显。我们能不能用一个成语对这一前后迥异的态度做一个准确的概括？

（学生深思未果，教师板书“前×后×”，启发学生）

生 前倨后恭。

师 概括准确。先是傲慢，后是恭敬，这是秦王对唐雎的态度。唐雎对秦王的态度呢，能不能用一个与“前倨后恭”意义相反的成语来概括？

生 前恭后倨。

师 “不卑不亢”可以说成“不亢不卑”，但不一定“前倨后恭”也可以说成“前恭后倨”。成语是约定俗成的，不能随意变更。即使能这样说，用在唐雎身上也不恰当。为什么？

生 唐雎对秦王始终没有傲慢的态度，应该用“先礼后兵”，先以礼貌相待，不行再用强硬的手段。

师 对！同学们注意了没有？秦王态度的“前倨后恭”，唐雎态度的“先礼后兵”，在唐雎出使秦国不辱使命的全过程中体现得更加明显与突出。所以，大家诵读全文，要将秦王和唐雎这种神态、语调、心理的变化，充分表现出来。现在我们全班四个小组全部参与，分角色朗读，一组读秦王的话，一组读安陵君的话，一组读唐雎的话，一组读作者叙述的话。

（学生将秦王、安陵君特别是唐雎的个性、心理揣摩得比较透彻，因而读得有腔有调、有声有色。）

【教例读后】

思路清晰,读议实在而深入,学生收获很大,这是这节教例在笔者心中留下的最深刻的印象。

《唐雎不辱使命》这篇文言文的篇幅较长,翻译一遍都不太容易,更何况还要引导学生先读后议,边读边议。如果事先不理好思路,不确定好每一步要读议的内容,其结果只能是一团糟。很多语文教师之所以轻易不敢像洪宗礼这样引读,其根本原因也就在于此。洪宗礼毕竟是大家,他对初中语文教学作通盘考虑,确定这篇课文的诵读体味重点在于人物对话,因而把课文分四个层次来进行读议:

第一个层次:请学生读议秦王向安陵君和唐雎提出“以五百里之地易安陵”的相关语句。

第二个层次:请学生读议安陵君和唐雎回答秦王命令和责难的话。

第三个层次:秦王宣扬的“天子之怒”和他轻蔑“布衣之怒”以及唐雎正告秦王“布衣之怒”的话。请学生把相关的语句找出来,先默读,后朗读,体味其中的情感与气势。

第四个层次:课文有两处写秦王对唐雎讲秦灭韩亡魏而安陵国独存的原因,请学生将这两段话找出来,再做些比较与分析。

这四个层次的明确,显然也明确了学生读议的重难点,理清了学生的思维流程,确保了师生读议活动的顺畅。

当然,仅仅做到了这一点还很不够,还需要教师引导学生深入课文的具体情境,做符合客观实际的诵读和评议。比如,洪宗礼请学生诵读安陵君和唐雎回答秦王命令和责难的话,而后比较两者的异同,尤其是引导学生比较两者的不同,都是深入课文具体语境和故事主人公的内心的。通过深入其里的读议,学生真正认识到了安陵君的不卑不亢和唐雎的不屈不挠,并且还要深入文境去反复诵读。通过唐雎和安陵君回答秦王责难态度异同的多方比较，学生对唐雎不畏强暴精神的认识也会更加深入心灵，这也是在润物无痕地对他们进行人文教育。再比如，唐雎表达自己“布衣之怒”的那段话里的七个“也”字，有的位于句末，有的位于句中，洪宗礼引导学生反复默读、诵读，深入文境、进入角色地揣摩，学生终于明白了每一个“也”字的语气和妙用。如此口诵心惟、吟哦讽诵、反复推敲“也”在句中和句末不同的读法，斟酌了肯定判断和否定判断重音的不同，读与思和谐统一，既加深了对语言的领悟，也提高了诵读的能力。尤其是“为什么伏尸百万、流血千里的‘天子之怒’反倒被伏尸二人、流血五步的‘布衣之怒’吓倒了？”这个反差很大的问题一提出，学生一时找不到答案。洪宗礼又引导他们在读中思，从读中悟，并用合适的语言准确表述历程和结果。这样一来，诵读—思考—表述，以思考为核心，一头带动诵读能力的提高，一头促进表述能力的发展。

总体上看，这节课以反复诵读为载体，通过异同比较、词语推敲、情境描述等多种途径，以思导读，以读喻文，且读且议，口诵心惟，将读与思、读与说和谐统一。经过洪宗礼的引导，学生通过正确、流畅、有感情的出声诵读，加深了对“文”所蕴含的思想、情感、气势的领悟，大大提高了诵读的水平，同时对“文”的领悟又得到了进一步升华。课文引读之所以能够做到化繁为简、流畅自如且深入到位，关键在于洪宗礼引导思路的清晰和引读艺术的高妙。

文言文尚且可以这样以读为主，读议结合来引读，现代语体文似乎更加可以这样以读代讲，少讲多读了。今天的文言文教学，除了给学生解说字词、翻译课文之外，一些教师就不知道文言文还应该教什么了。高考又只考实词、翻译和文意理解，这就更助长了一些语文教师这样引读文言文的态度。面对洪宗礼的课例，我们是否该好好作些反思呢？“读风”早就应该压倒“讲风”了。

四、独立思考，求异创新——《祝福》引读教例

【引读意图】

这篇课文的引读重点是：冲破一般小说分析鉴赏的程式，学会运用比较的方法鉴赏小说的人物、情节和语言。教学小说，一般需要介绍有关时代背景，交给学生分析人物形象、理解主题思想、讲解写作技巧的方法，本教例拟突破这样的程式，着重引导学生运用比较求异法来领会小说塑造人物、安排情节等方面的妙处，启迪学生的创新思维，培育独立思考的精神，提高文艺鉴赏的能力。

【教例展示】

师 今天继续学习鲁迅先生的小说《祝福》。上一节课，大家在预习的基础上，熟悉了全文的主要内容；对第二部分的三段，又划分了层次，了解了层意。现在我们一起运用比较求异法来分析鉴赏这篇小说。

先请大家比较一下，祥林嫂两次来鲁镇性格和体质方面的变化。谁先比较一下她性格方面的变化？

生 祥林嫂第一次来鲁镇，“不开一句口”，“不很爱说话，别人问了才回答，答的也不多”；第二次来鲁镇，逢人便说阿毛被狼吃掉的故事，不管别人愿意不愿意听。

师 性格上的变化非常明显：过去不爱说话，现在到处絮叨。现在再来比较祥林嫂两次来鲁镇体质上的变化。请一个同学把自己画出的有关语句给大家读一读。

生 第一次来鲁镇，“手脚都壮大”，“整天地做，似乎闲着就无聊，又有力，简直抵得过一个男子”，“到年底，扫尘，洗地，杀鸡，宰鹅，彻夜地煮福礼，全是一人担当”，“实在比勤快的男人还勤快”；

第二次来鲁镇,"手脚已没有先前一样灵活,记性也坏得多,死尸似的脸上又整日没有笑影",特别是在捐了门槛仍不许参加祭祀活动之后,"连精神也更不济了","记性尤其坏,甚而至于常常忘却了去淘米"。

师 体质上的变化,也反映在面色上。看看祥林嫂两次来鲁镇,面色有什么不同?

生 第一次来鲁镇,"脸色青黄,但两颊还是红的";第二次来鲁镇,"两颊上已经消失了血色",特别是在沦为乞丐之后,脸上更"瘦削不堪,黄中带黑"。

师 眼睛是心灵的窗户。体质上、性格上特别是心灵上的变化,更集中反映在眼神上的变化。现在,我们比较一下祥林嫂随着遭遇的变化而表现在眼神上的前后差异。

生 祥林嫂第一次来鲁镇,"顺着眼","很像一个安分耐劳的人";第二次来鲁镇,还是"顺着眼",但"眼角上带些泪痕,眼光也没有先前那样精神",讲述她日夜不忘的阿毛被狼吃掉的故事,"只是直着眼睛"。在听了柳妈说死后将要被阎罗大王锯成两半的命运以后,"两眼便都围着大黑圈"。特别是捐了门槛后四婶还不许她参加祭祀活动,这一打击,使她"不但眼睛窈陷下去,连精神也更不济了"。在沦为乞丐、濒临死亡前夕,"只有那眼珠间或一轮,还可以表示她是一个活物"。

师 作者将祥林嫂性格、体质、精神上的变化对比着写,我们从中受到什么启发?

生 更加深刻地看到了祥林嫂遭遇的悲惨。这是旧社会以鲁四老爷为代表的黑暗势力残酷迫害造成的结果。

生 更加深刻地体会到祥林嫂内心的痛苦。精神上的打击,造成性格上的变化,体质上的过早衰老。

生 鲁迅先生观察之精细,刻画之入微,也给我们很大的启示。特别是通过眼神的变化，细致入微地反映了祥林嫂遭遇的不幸、内心的凄苦，这给我们留下深刻的印象。

师 祥林嫂两次向人讲述阿毛被狼吃掉的故事。看来相同，实有差异。现在请两个同学分别读读祥林嫂先后讲的这两段话。

（两个学生分别朗读，略）

师 大家比较一下看，祥林嫂两次讲的是同一件事，但措辞上、说法上有些不同，为什么会有这样的不同？

（学生议论后举手发言。下面是讨论中大家比较一致的认识）

生 祥林嫂第一次讲"我的话句句听；他出去了"；第二次讲"我的话句句听；他就出去了"。加了一个"就"字，"就"是随即、立刻的意思，加了这个"就"字就把祥林嫂爱子之心和痛悔之情更加深刻而强烈地表现出来。

生 第一次讲"我叫阿毛，没有应"；第二次讲"我叫阿毛！没有应"。逗号改为感叹号，间接陈述改为直接引话，更加真切地表现出祥林嫂当时呼喊爱子阿毛的情状，突出了她至今没忘记当时所有细节的悲痛的心情。

生 第一次讲"再进去；他果然躺在草窠里，肚里的五脏已经都给吃空了，手里还紧紧地捏着那只小篮呢"；第二次讲"再进去；果然，他躺在草窠里，肚里的五脏已经都给吃空了，可怜他手里还紧紧地捏着那只小篮呢"。

第二次讲把"果然"一词移到了句子前面，更加突出了事情果不出所料、仅有的一线希望也遭破灭的惊惧和悲痛。第二次讲，在"手里还紧紧地捏着那只小篮"的前面，加上了"可怜他"三个字，我们仿佛听到了祥林嫂字字血、声声泪的控诉。

师 粗粗看来，我们都以为祥林嫂两次讲的是同一件事，说的也是同样的话，不用去细心作比较研究。现在通过比较，发现同中有异，使我们不仅对祥林嫂的感情理解得更深，而且对鲁迅先生遣词造句的匠心也领会得更深了。

师 鲁迅先生在写祥林嫂一步步沦于死亡的过程中，多次写到她命运的转机。现在请大家进一步研究，作者在写祥林嫂悲惨的遭遇时是怎样交织着写她命运中曾经出现的几次转机的。

生 祥林嫂第一次来鲁镇，承担了繁重的劳动，“到年底，扫尘，洗地，杀鸡，宰鹅，彻夜地煮福礼，全是一人担”，“然而她反满足，口角边渐渐地有了笑影，脸上也白胖了”。可是好景不长，她很快被婆婆捉了回去，卖进深山。

生 祥林嫂被迫改嫁，遭遇不幸，然而“年底就生了一个孩子，男的”，“母亲也胖，儿子也胖；上头没有婆婆；男人所有的是力气，会做活；房子是自家的”，“真是交了好运了”。可是“好运”不久，男人死于伤寒，孩子被狼吃掉，大伯赶她出门，又只得来鲁镇做工。

生 “祥林嫂在土地庙捐了门槛，自认为可以赎了这一世的罪名，神气很舒畅，眼光也分外有神”，谁料四婶还是认定她不干净，不让她动祭祀用具。这一打击使“她的变化非常之大”，“精神也更加不济”。

师 通过这样的比较我们受到哪些启发？

生 祥林嫂获得的欢乐是短暂的，遭遇悲惨则是经常的。在那种吃人的社会里，祥林嫂要获得起码的生存条件和做人权利也不可能。

生 鲁迅先生在写祥林嫂一步一步沦于死亡的历程中，交织着写了她几次短暂的欢乐，似乎命运有了转机，这样欲擒故纵，欲抑先扬，显然有映衬的作用，使这一悲剧表现得更动人，更能催人泪下。

师 小说写富人祝福、祥林嫂死去，这是一种映衬，强烈的对比映衬。这一点，建议大家课后再去研究。小说三次写四婶喝止祥林嫂接触祭器，语序、口气也不相同。现在，请一个同学朗读四婶喝止祥林嫂拿祭器的话。

师 请大家先比较一下，第三次与前两次喝止的口气和神情有什么不同？

生 前两次称呼“祥林嫂”在前，命令“你放着吧”在后，第三次命令调到称呼的前面，而且由“慌忙说”变为“慌忙大声说”。

师 作者为什么这样写？

生 这样写，使人强烈地感到祥林嫂刚想伸手去触碰祭器，四婶就立即恼怒与慌乱起来。这一次沉重的打击，使祥林嫂失去了一切做人的希望。

师 再请大家比较一下：前两次喝止祥林嫂触碰祭器的措辞有什么不同？

生 第一次说的是“我来摆”，第二次说的是“我来拿”。“摆”的是杯筷，“拿”的是烛台，动词用得很准确。

师 大家都看过了根据小说改编的影片《祝福》。

现在请大家比较一下：同一题材，同一题目，搬上银幕以后，和小说有哪些不同？为什么会有这些不同？

（学生情绪活跃，纷纷议论。下面是讨论时的发言要点）

生 小说中祥林嫂是先死了丈夫，后死了儿子；影片中将丈夫和儿子的死，安排在几乎同一时间内，这样矛盾更集中。

生 小说中阿毛脚上穿的小鞋，只在祥林嫂讲述的故事中被提到过两次。影片中小鞋多次出现，祥林嫂为阿毛做鞋，试鞋的大小；阿毛被狼咬死，祥林嫂拾得的就是一只小鞋；她向人们痛诉阿毛的故事，就拿出这只小鞋；看到别人的小孩剥豆，她就拿出小鞋给人家小孩试穿。这一道具在银幕上多次出现，加浓了悲剧的气氛，增强了感人的力量。

师 小说搬上银幕，改动的还不止这两处，课后同学们还可以做些比较、分析。在这里提醒大家注意一个问题：剧本对小说情节的变动，是服从舞台、银幕和观众视觉的需要。小说《祝福》是伟大的作品，影片《祝福》是在小说的基础上成功的再创造。不同的艺术形式有不同的宣传对象，也有不同的要求。内容、情节要根据作品形式、宣传对象的实际情况，不能以情节的增删，判断作品的优劣。

师 不仅不同的内容、情节、语言可以比较，就是相同的内容、情节、语言也可以比较。大家研究一下看，祥林嫂两次来鲁镇，在衣着和外形上有什么相同的地方？祥林嫂每次讲阿毛被狼吃掉的故事，开头的话都是什么？

生 祥林嫂两次来鲁镇，都是“扎着白头绳，乌裙蓝夹袄，月白背心”，脸色都是“青黄”。

生 祥林嫂每次讲阿毛被狼吃掉的故事，开头都是说“我真傻”，这句话在小说里一共重复了四次。

师 祥林嫂两次讲阿毛被狼吃掉的故事，内容措辞也是大同小异。为什么在这些地方要重复相同的话语，描写相同的外形呢？

生 两次来鲁镇衣着都是“扎着白头绳”等，表明她两次新寡，遭遇极度不幸；衣着一样，也表明她生活十分贫困。

生 重复讲孩子被狼吃掉的故事，特别是重复“我真傻”这句话，这是祥林嫂在频频哀诉，念念不忘，表明她对儿子的怀念越来越深切，对旧社会的控诉越来越强烈。

师 这一节课，我们运用了同中求异、异中求同的方法，对《祝福》的内容、情节、章法、语言做了研究。其实，阅读《祝福》远不止比较求异一法。还可以紧扣题目中的“福”字，看到祥林嫂正是死在天地圣众“预备给鲁镇的人们以无限的幸福”的“美好”时刻；更可以扣住鲁四老爷书房中的“寿”字，看到鲁四老爷等人“长寿”的愿望，是建筑在祥林嫂等人“早夭”的基础之上。“志在新奇无定则”这一古训，同样是教法和学法的定则，求新求异，应是年轻人不懈的追求。

【教例读后】

《祝福》竟还可以这么讲！这是笔者读完洪宗礼的这个教例的第一反应。静下来细想，我惊叹于洪宗礼高超的求异导引艺术。《祝福》这篇小说，在教材里面算是篇幅很长的课文了，一般教师很难自如地驾驭，思路清晰、深入到位地把它引读好。洪宗礼举重若轻，化繁芜为简明，引导学生进行了以下一些比较探究：

(1) 比较祥林嫂两次来鲁镇性格和体质方面的变化并说明原因。

(2) 比较祥林嫂两次讲同一件事，在措辞上、说法上的不同并说明原因。

(3) 比较祥林嫂每次讲阿毛被狼吃掉的故事的开头语的细微不同并说明原因。

(4) 比较四婶第三次与前两次喝止祥林嫂拿祭器时的口气和神情的不同并说明原因。

(5) 比较祥林嫂两次来鲁镇在衣着和外形上的相同点并说明原因。

(6) 比较同一题材、同一题目搬上银幕以后和小说的不同并说明原因。

具体的比较探究情况，请大家欣赏原教例，这里不再赘述。笔者要说的是，这些化繁芜为简明的"比较"绝不是真的那么简单浅易，而是深入小说和主人公的内心世界的，是充分调动了学生生命体验和生活积累的，是使学生在心灵深处都受了震动乃至震撼的。同时，这些"比较"也绝不是信马由缰、随意而为的，更不是孤立静止、互不相干的。细读教例，我们不难发现，这些"比较"是统筹规划、环环相扣、层层深入、紧密关联的。之所以要作这么多的“比较”,就是要运用同中求异、异中求同的方法,引导学生全面而深入地探究《祝福》的内容、情节、章法、语言等,就是要通过这样的比较探究来培育学生的思辨和创新能力。洪宗礼常讲,“五十平方米的教室,空间是有限的;四十五分钟一堂课,时间是有限的。教师应当在有限的时间和空间里,运用自己活用教科书的教学艺术,去发展学生无限的思考力”,“引导他们走进积极思考的王国”。在洪宗礼看来,一个班级几十名学生,其思维能力、个性特点、心理状态虽参差不一,但他们的内心深处都蕴藏着充足的思维潜能。为此,教师既应该是学生心理奥秘的探索者和发现者,更应该是学生思维潜能的辛勤开发者。洪宗礼如此设计课堂师生探究和思辨的问题,就是出于这样的理念。尤其是把“比较”的领域扩展到课外,让学生比较电影和小说的不同之处,这无疑更能活跃学生的思维,提高他们分析鉴赏的能力。同中有异,异中有同,反复比较,细心辨微,感性比较,理性归纳,得出结论,学生自然也就发现了作品在内容、情节、章法、语言等方面的真正妙处。不仅如此,学生的思辨和探究能力、提炼和表达能力等也会在这求异探究的过程中得到切实的锻炼和提高。

当然,阅读《祝福》远不止比较求异这一法。还可以引导学生运用联想的方法,不懈地求新求异,发展他们的创新思维能力。比如,紧扣题目中的“福”字,联想到祥林嫂正是死在天地圣众“预备给鲁镇的人们以无限的幸福”的“美好”时刻;更可以扣住鲁四老爷书房中的“寿”字,联想到鲁四老爷等人“长寿”的愿望,是建筑在祥林嫂等人“早夭”的基础之上等。课时有限,洪宗礼只能把这层意思余留在课堂教学的结语之中了。但是,洪宗礼作这样的结语,又何尝不是在启发学生课后去作更加全面而深入的思辨呢?在有限的时空内,课确实是结束了,但在学生成长和发展的时空里,这自主思辨和探究的课才刚刚开始啊!这就是洪宗礼与我们普通教师的不同之处。

大家都知道,客观事物总是充满了矛盾,且矛盾的双方总是相比较而存在、相斗争而发展的。小说是文艺作品,是艺术地反映客观事物的,就应该反映出客观世界中无限丰富的对立和矛盾。为此,我们在引导学生阅读和欣赏小说的时候,就必须遵循这一规律,启发学生对作品本身的虚和实、张和弛、抑和扬、开和合以及遣词造句等各个方面进行比较,培育他们求异思维的兴趣,发展他们求异思维的能力,从而提高对生活的认识能力和对作品的鉴赏水平。这节教例,在设计教学内容和教学过程的时候,洪宗礼就有意识地冲破了小说分析鉴赏的陈旧框框,展开了多角度的比较,使学生读得很深入,思辨、探究得很有兴趣,很有收获。相比之下,当下的一些小说赏析课确实要逊色不少。这不仅是教师的素养问题,更是教师的理念问题。看来,虔诚地到洪宗礼那里去汲取一些智慧和营养,就该成为我们这些晚辈的必修课之一。

五、独立阅读,自测自结——《内蒙访古》引读教例

【引读意图】

这篇课文的引读重点是:引导学生在阅读中自我检查阅读效果,自我小结,主动地去消化和巩固阅读中获得的知识。学生独立阅读究竟效果如何,教师可以采取适当的方式检查。但这种检查,有时是离开各个学生的具体情况的"共性化"的检查,缺乏针对性。而且从学生方面来说,这类检查大半是被动的,应付的。如果学生具备了一种自测能力,在阅读后能从自己的实际情况出发,进行自测自结,并且逐步形成一种习惯,那么,学生离"不需要教"的境界又靠近了一大步。这篇课文的引读意图就在于引导学生学会自读自测自结的方法,培养他们自读自测自结的能力和习惯。

【教例展示】

第一课时

师 我们今天试验一种新的阅读方法——自读自测自结。（板书）

自读，就是自己认真阅读课文。这一点大家都已经习惯了。那么，自读的效果究竟怎样呢？需要测验。过去总是老师来考大家，现在请大家自己来检查自己阅读的效果，好不好？

下面大家先自读《内蒙访古》。自读要求，大家都知道，我不再说了，大家一定要根据要求，认真地读，该做的工作要仔细地做好。

（学生自读，并小声讨论）

师 请同学们自测自结，如果遇到有不理解、不会答的，可以再读课文。没有完成的，课后继续自测自结。下节课我们共同来讨论解决同学们的疑难问题。

（教师将打印好的自测自结参考题发给学生）

第二课时

（学生前后左右对对答案，互相讨论，向老师提问题；教师把主要问题抄在黑板上，要求学生再读课文，思索答案。）

教师评讲重点：

1. 史论性散文与史论的区别。

2. 如何理清作者的思路和文章的脉络。

3. 语句的节奏感加强对语意表达有强化作用。

4. 复句与单句的区别；复句中条件、转折关系的划分。

师 同学们，学会了自读自测，我们自己就有了阅读的主动权。自测的方法可以不拘一格。今天是我出自测题，以后你们同组同座同学可以互相出题，也可以自编题目自测，总之，我们要把自读自测自结的主动权握在自己的手中，使我们自己成为学习的主人。具体方法，我提四条供参考：

1. 问（板书），就是自己向自己提问。比如，读了《内蒙访古》，可以掩卷自问：作者在文章里主要写了什么内容？着重阐述一个什么观点？作者主要运用了什么方法来写作的？为什么要这样写？等等。

2. 说（板书），就是把自己所想的答案，用自己的话先说一说。看哪些地方说得清楚、明白，哪些地方说得不够清楚、明白，这样，可以促进自己再读再想。

3. 写（板书），就是有重点地把自己阅读的心得体会记录下来。通过写，既可以巩固阅读效果，又可以锻炼写和想的能力，还可以训练思维的条理性和逻辑性。

4. 记（板书），就是把应该记住的生词新语以及精彩的句子，反复读读，争取记住，以便日后随时运用。

问、说、写、记，四者都离不开"思"（板书）。只要我们真正切实地做到这几个字，我们的自读自测自结能力就一定能逐步提高。

【教例读后】

读罢这两节课的教例，笔者的心里只有两个字——震撼！笔者震撼的是，这样的课竟是20世纪80年代上的！说实话，笔者几乎没有这样上过课，就是偶尔尝试过，也大多是半放半收，忐忐忑忑，根本就不敢像洪先生这样放手。再看看今天的语文课，要么满堂空泛化探究，要么满堂应试化讲析，更是极少见到这样的课了。常言道：师傅领进门，修行在个人。语文教学也不例外。教师教学生学会固然重要，是基础和前提，但更重要的、更高层次的则是学生要会学，而这会学不是凭嘴巴来说的，是需要实践检测的，所以教师必须给学生创造这样的机会或平台。引导学生学会自读自测自结，教他们在这个过程中掌握方法，进而达到会学的理想境界，这无论对学生“学好文”还是“立好人”都是十分重要的。

现在，我们的课堂教学，尤其是公开课之类，往往都标榜自己是以人为本，是培养学生自主学习和探究能力的。请问，有几人敢像洪宗礼这样放手呢？又有几人把培养学生自读自测自结能力落实得这么到位呢？恕我直言，几乎没有。尤其在心底只有“高考”的教师那里，这样上课岂不太浪费时间了吗（有这时间，还不如多讲两道题呢）？实际上，这种自读自测自结的方法就是对已经学得的若干读书方法的自我梳理并独立运用，它“新”就“新”在自读又自测自结，能力培养要求更高。从洪宗礼的课例中就可以看出，学生自读自测，然后师生共同订正，这个过程是学生主动阅读、主动探索、主动求知的过程，也是“教读”和“扶读”之后的必然选择。在这个过程中，学生自测后引起争论，再去自己读书、思考和探究，这就更凸显了学生的主动阅读、主动探索、主动求知。

洪宗礼的这种授课境界是很不容易达到的，它首先需要我们扎实有序地做好基础工作，即曾教给学生若干读书方法。不仅如此，还需要我们做到以下两点：

一是尊重学生。尊重他们已有的基础，尊重他们应有的潜力，尊重他们成长和做人的需要。他们能读明白的，他们能做好的都必须无条件地交给学生自己去读去做。过程可以有反复，个别同学甚至可以不理解，但必须扎扎实实地坚持下去。这里必须指出，教师不放心，总想包办代替，就是不尊重学生，就是在贻误学生。

二是相信学生。要相信学生能做好，尤其要相信他们能自主独立地做好。没有尊重，就不会有信任；而没了信任，就更谈不上尊重了。一个连起码的尊重和信任之心都没有的学生，他将来的人生该有多么的可怕。

叶圣陶先生曾讲，中学生在读课文的时候“最好自己多多设问”。怎么设问呢?“文中讲的若是道理,问问是怎样的道理?用什么方法论证这个道理?文中讲的若是人物,问问是怎样的人物?用怎样的笔墨表现这个人物?”这种自己设问的读法,本身就是一种自读自测自结。洪宗礼大胆放手让学生先自读,在学生自读的基础上,又引导学生自测自评自结,自己订正,这样的引读,真正做到了教师的主导作用和学生的主动性的和谐统一。

结课前,洪宗礼对学生讲:学会了自读自测,我们自己就有了阅读的主动权。自测的方法可以不拘一格。今天是他出自测题,以后同组同座同学可以互相出题,也可以自编题目自测,总之,我们要把自读自测自结的主动权握在自己的手中,使我们自己成为学习的主人。洪宗礼还提出了“问”“说”“写”“记”四条要求,并强调这四者都离不开“思”。同时他坚信,只要学生真正切实地做到这几个字,自读自测自结能力就一定能逐步提高。

同组同座同学互相出题进行测试,我们深信,洪宗礼的教学理想一定能实现。事实上,如果大家真的都能像洪宗礼那样引导学生自读自测自结,扎扎实实地培养这样的语文能力,切实培养学生主动探索、主动求知的精神,那么阅读就真的会成为学生的“乐事”“趣事”,从而真正达到“不待老师讲解,自己能阅读;不待老师归纳,自己能梳理;不待老师出题,自己能编题自测”的理想境界。

品读

“洪氏语文”的归真引领价值

归真："洪氏语文"的精神内核

笔者学习、实践、研究洪宗礼的语文教育思想二十多年来，一个问题越来越迫切地催我思考，那就是"洪氏语文"的精神内核究竟是什么。要探究这个问题，我们就得先给"洪氏语文"做个界定。笔者认为，"洪氏语文"应该是洪宗礼语文教育思想、教学实践与研究、教材建设与研究、母语教育研究以及他的高尚品格、教育情怀的合称。其中，语文"教育链"是思想核心，而这一思想核心的理论支柱则是洪宗礼的"五说"教育观。品读和研究《洪宗礼文集》《从教师到教育家》《这就是教育家》《洪宗礼与母语教育》等著作，笔者发现，"洪氏语文"的精神内核，可以高度凝练地归结为两个字——归真。

一、归真是洪氏语文教育思想的渊源

洪宗礼语文教育思想的渊源，也就是他语文"教育链"思想及其理论支柱"五说"的思想渊源。其主要表现为两个方面：一是洪宗礼弘扬与发展了传统语文教育精髓。比如,他的“五说”就始终在强调,文道要统一,工具性和人文性要统一;教师要有较高的语文和人文素养,要善于启发诱导、因材施教,注意学习方法和规律的指导;学生要熟读、多思、精思,做到学思结合,知行统一;语文教学要高度重视读写结合训练,要注重循序渐进,要使前面的学习成为后面发展和提升的端点,等等。① 他的这些观点都是符合语文学科教与学本质规律的真知灼见,都是他潜心学习、弘扬和发展我国传统语文教育思想精髓的结晶。二是洪宗礼还传承并弘扬、发展了叶圣陶、吕叔湘和张志公这“三老”的语文教育思想。可以说,洪宗礼是叶圣陶先生的一位虔诚的追随者,是受叶氏影响最大的语文教育家之一,其语文教育思想是一脉相承的。

如,叶圣陶先生所主张的“教材是个例子”和“教是为了达到不需要教”这两点,洪宗礼语文“教育链”背景下的“双引”教学法和“三一”教材观都充分体现了叶老的“例子说”,也正是对这一学说的弘扬和发展。洪宗礼一直强调,要依照课文这个“例子”来教给学生读写之法。教材要文质兼美,明确目标,有益于教师教有所得,要成为学生学会和会学语文的范例,还要有益于学生广泛阅读和迁移提高。② 洪宗礼曾对笔者讲,2000 年,民进中央和江苏省人民政府在徐州再次召开全国叶圣陶语文教育思想研讨会,他在会上作主题发言,介绍了自己运用叶老创新思想、立志改革形成自己的语文“教育链”、“双引”法、“五说”观等思想及学术流派的经历,并有针对性地批判了少数人试图贬低、否定叶老的语文教育思潮。2008 年 3 月,全国中语会、江苏省民进和扬州市教育局在扬州召开叶老逝世 20 周年纪念会。他又应邀在大会上作题为“重读叶圣

① 洪宗礼.洪宗礼文集(第一卷)[M].南京:江苏教育出版社,2008:24-30.

② 洪宗礼.洪宗礼文集(第一卷)[M].南京:江苏教育出版社,2008:83-84.

陶,推进新课程”的报告,阐述了叶老语文教育思想的精髓,说明了重新学习叶老语文教育思想与新课程改革思想的一致性,并特别强调了叶圣陶语文教育思想对课程改革的重大意义和重要作用。

再如,吕叔湘先生始终强调,语文课的目的是培养学生的语文能力,但并不能因此就认为不需要讲语文知识,因为能力和知识是分不开的。语文知识除了帮助提高写作能力之外,还有利于训练学生的思维能力,让学生理解祖国的语言。[①] 洪宗礼的“五说”及洪氏初中语文教材,就高度重视学生口语交际训练。洪氏语文教材中的每个单元均设有序列化的口语训练专题,尤其是突出整体、综合性循序提升,使学生的语文能力和素养能够“绕线圈似的绕上去”。这都是洪宗礼传承和弘扬吕叔湘先生语文教育思想的结果和见证。

张志公先生一向强调,要坚守语文的工具性。1963 年,在《说工具》一文中,他就将语文的工具性界定为:“语文是个工具,进行思维和交流思想的工具,因而是学习文化知识和科学技术的工具,是进行各项工作的工具。”同时,他认为,语文这个工具,不同于一般的工具,一般工具与它的工作对象是分开来的,而语文这个工具与被反映的内容是长在一起的,是人文性内容的载体,是密不可分的。[②] 他还特别指出,语文教学一定要弘扬传统语文教学的三大经验:第一,要从汉语文的实际出发,并且充分运用汉语文的特点来提高教学效率;第二,要着眼于语文的工具性,采取让学生多读多写,在训练中掌握语文能力的原则和方法;第三,要重视启发学生独立思考,使他们自己能够不断地增长读书作文的能力。[③] 对于张志公先生的语文教育观,洪宗礼一辈子都在坚守和弘扬,他的语文

---

① 全国中语会.叶圣陶、吕叔湘、张志公语文教育论文选[M].北京:开明出版社,1995:124-126.

② 张志公.张志公自选集[M].北京:北京大学出版社,1995:206.

③ 刘国正.我和语文教学[M].北京:人民教育出版社,1984:142.

“教育链”思想的灵魂就是辩证法。唯其辩证，才做到了文与道、教与学、学与思、标与本、知与行、教文与立人的辩证统一。当下，个别名师、专家动辄偏激甚至极端，其根源就在于缺乏辩证智慧。洪宗礼之所以从未遭到这样的诟病，就在于他始终都在学习、弘扬着“三老”的语文教育思想，始终坚持辩证法。

毋庸置疑，传统语文教学的精髓都是对语文学科教与学本质规律的归真认知。叶圣陶、吕叔湘和张志公等老一辈语文教育家的语文教育思想，就是对这种精髓的传承、弘扬和发展。洪宗礼则又是在此基础上的传承、弘扬和发展。所以，笔者认为，若从洪宗礼语文教育思想的渊源这个维度来考察和研究，其结论当然该是归真的。

二、归真是洪宗礼一辈子的理念坚守

说起洪宗礼一辈子的理念坚守，主要体现在这三个方面：

其一，洪宗礼始终坚守工具性与思想性是辩证统一的。他认为，工具性与思想性是对立统一的，就如一块硬币的两面，始终附在“一张皮”上。语文作为一门课程、一门学科，其目标就不仅是单一地掌握语言文字工具，还要借助一篇篇课文来渗透深邃的思想教育，包括人文思想、哲学思想、政治思想、科学精神、自然生态观念等方面的教育。也就是说，语文学科必然同时具有工具性和思想性。①

其二，洪宗礼始终认定语文的基础工具性质是语文教学的基点，也是语文教学改革的根本点和出发点。在语文教学中，教师还必须在传授语文知识和语文训练的过程中因文解道，因文悟道，自觉地进行思想道德教育、人文教育、自然与社会方面的知识教育，从而提高学生的思想道德素质和人文素养，丰富学生的社会自然常识。但是思想教育、文学教育、知识教育，只能在语文训练的过

① 董旭午.坚守并弘扬洪氏“工具说”[J].教师，2013(5).

程中顺理成章地进行，不能把语文课上成政治课，也不能把语文课上成文学课、社会自然常识课。①

其三，洪宗礼始终认为，语文学科有很强的实践性和应用性，学生学习和掌握语文工具必须通过自己的"历练"。唯有如此，语言运用才能达到熟练、牢固乃至巧妙的程度，才能转化成语言习惯，成为语言直觉。② 因此，语文教学不应当只满足于语言的认知、语言的理解、语言的积累，还必须重视语言的运用，而且以训练为中介，促进知识向能力、素养转化，实现知与行的统一。

可见，洪宗礼的这种理念坚守无疑就是对传统语文教育思想精髓以及"三老"语文教育思想的传承、弘扬、发展和坚守，而这种坚守也正是对语文学科教与学本质规律的归真认知的忠实坚守。

三、归真是"洪氏语文"给予我们的重要启迪

"洪氏语文"给予我们的重要归真启迪至少有以下五个方面。

其一，一定要按照语文教与学的规律办事，真教语文，走返璞归真、务实有效、健康发展的教学之路。

我们不难统一认识：语文教师一定要回归生活本源、与生活融通，用学语文的法子去真教语文，实实在在地教学生真学、学会和会学语文，以真正提高学生的语文能力和素养，培养他们终身受益的语文习惯。不仅如此，还一定要始终坚守住"语文"，在真教语文的前提下和过程中有机融入"立人"教育，时刻都引导学生灵魂站立着学好语文。洪宗礼的"五说"教育观，实际上一直都在强调，语文教师必须归真返本、智慧有效地教学语文，一定要引导学生自主自觉地进行语文训练，必须在读、写、听、说等语文能力训练过程中

① 董旭午.坚守并弘扬洪氏"工具说"[J].教师,2013(5).

② 董旭午.想:学生学文立魂的总开关[J].教师,2013(10).

有目的地、持之以恒地“渗透”(而不是外加)思想道德和优秀文化传统的教育,以培养学生具有健康的审美情趣和正确的人生观、价值观、文化观、科学观、生命观和生态观等,从而最终实现教文立人的教育理想。洪宗礼的这些思想认识无疑深刻揭示了语文教学的本质规律与核心价值,无疑是在启示我们一定要按语文教与学的本质规律办事,真教语文、教真语文,走返璞归真、务实有效、健康发展的教学之路。

其二,一定要坚守住教师的主导地位,本真地处理好教师主导和学生主体的辩证关系,确立合理的师生关系。

新课程理念的灵魂就是:尊重学生的主体地位,强调学生是学习的主人,要按照学生自身的能力和要求去展开教与学,要变传统的以教师为中心的“传递式”教学为以学生为中心的“建构式”教学,鼓励学生自主学习和探究,以培养他们的自主人格和创新品质,为国家和民族造就自主、自觉的创新型人才。洪宗礼也一向认为,“教学过程主要是由教师和学生两个功能体的双向交往活动来完成的。从本质上说,教学的过程就是实现教师主导性和学生主动性统一的过程”。[①] 可见,洪宗礼的论述更客观辩证地看到了教师的主导作用,应该是对新课程理念的重要阐发,也能够规避在实际操作中片面突出学生主体作用的高耗低效。笔者认为,洪宗礼的相关论述,在本真地处理好教师“主导”和学生“主体”的辩证关系,确立合理的师生关系,切实提高教与学的质量等方面,无疑是“洪氏语文”给予了我们一个很重要的启迪。

其三,一定要明确语文教学的基点以及语文教改的根本点和出发点,建设归真返本、简约有序、务实有效的语文课堂。

洪宗礼认为,语文课的思想教育必须充分体现语文工具性的

① 洪宗礼.洪宗礼文集(第一卷)[M].南京:江苏教育出版社,2008:24-30.

特点,必须立足于文,要把"'道'始终贯穿和渗透在读写训练过程中"。① 学习洪宗礼的这些论述,我们应该有所觉悟:我们今天常讲的"人文性"之类,所说的"文",就是文本的语言内容。在洪宗礼那里,非但不否认,反而很重视,只是他反复告诫我们,必须在上好语文课的过程中自觉地、巧妙地、润物无痕地进行人文性方面的教育。为此,中小学语文教学活动,就必须把培养和提高学生的语文能力和素养作为"本务",就必须时刻集中智慧和力量去努力完成这个"本务",绝不能总是种别人的田而荒自己的地。可见,洪宗礼的这些论述,无疑是在启迪我们一定要明确语文教学的基点以及语文教改的根本点和出发点,牢牢抓住语文教学的本务,全身心地开发和建设归真返本、简约有序、务实有效的语文课堂。

其四,一定要用姓"语"来统率教材建设,为教材立身,用姓"语"的教材来教学生归真返本地学好和会学语文。

洪宗礼的教材观告诉我们:语文教材就是学习语文的教科书,就应该姓"语",这是立身之本。他的语文教材观,可以概括为"三个坚守":一是坚守住"教材姓语";二是坚守住"务实有效";三是坚守住"教师教和学生学都实用"。这"三个坚守"非常符合语文学科教与学的本质规律,也充分体现了语文教材独特的本质属性和语文学科的核心价值。鉴于此,我们完全可以这样讲,洪氏语文教材特别有益于我们守本归真、简约素朴、扎实有效地教学生学好和会学语文,无痕地达成教文立人的教育理想。这样的教材观和教材建设实践,给予我们的重要启迪是,一定要克服"人文组元"教材的一些弊端,用姓"语"来统率教材建设,为教材立身,努力重构和建设好教材,用姓"语"的教材来教学生归真返本地学好和会学语文。尽管我们不是教材的编写者,但我们有责任和义务按照真教

① 洪宗礼.洪宗礼文集(第一卷)[M].南京:江苏教育出版社,2008:24-30.

语文、教真语文的要求来重新整合好教材,以最大化地发挥教材这个“例子”的作用。

其五,一定要真爱学生和语文教学事业,用本真的为师品格和教育情怀来为自己的素养提升和专业发展奠基。

洪宗礼的为师品格和教育情怀,概括起来说就是两个字——真爱,即他对学生和语文教育事业的真爱。他一辈子坚持“师爱”+“教育爱”的“黄金法则”,热爱学生、相信学生、尊重学生、激励学生、发展学生,书写着自己的教育人生。他一辈子都始终不渝地积极进取,追求真理,追求创新与卓越。他的人生座右铭是“人生应有极限,事业不会封顶”,他要求自己“意志不老,知识不老,心态不老,思维不老;成功成仁,不成功也成仁”。他认为,“事业永驻,为自己钟爱的母语教育事业奋斗到生命尽头,才是我的幸福与快乐”。他一辈子为人朴实、踏实、厚实。他心里装的只有事业,有再大的成就都能够心平气定地淡然处之;他从一而终,一生都在一所学校任教,为语文教学、母语教育、母语教材研究竭心尽力,奋斗不息,踏实本分,求真务实,五十年不停步;他为人真诚,待人厚诚,总是那么真心、诚心、善心和热心,埋头耕耘,矢志不渝,严谨科学,锲而不舍。洪宗礼认为,要做人师,首要的就是目中有学生,心里爱学生,就要真心地尊重学生,关爱学生,激励学生,发展学生。① 对照洪宗礼的为师品格和教育情怀,我们不难发现自己与洪宗礼的差距,因此也不难获得这样的启迪:洪宗礼应该是我们每一名中国“语文人”心中的一面旗帜,他的为师品格和教育情怀都是十分宝贵的精神财富。为此,我们一定要真爱学生和语文教学事业,用本真的为师品格和教育情怀来为自己的素养提升和专业发展奠基。

---

① 董旭午.为人为师的一座丰碑[J].教书育人,2011(3).

“洪氏语文”对当代语文教育的实践引领价值

近几年来，通过深入品读和研究，笔者越来越深刻地领悟到，深化新课程改革，就需要直面“洪氏语文”。“洪氏语文”对当代语文教育事业的健康发展有着重要的实践引领价值。

一、有益于语文教学归真返本

所谓的语文教学归真返本，就是教师用学语文的法子，回归生活本源去真教语文，实实在在地教学生学会和会学语文，真正提高学生的语文能力和素养，培养他们终身受益的语文习惯，并在真教语文的前提下和过程中有机融入立魂树人，最终真正实现教文立人的教育理想。对此，洪宗礼的“五说”就曾反复强调：

首先，在全球化时代和现代社会背景下，语文教育确实有了新的发展，语文基础知识、语文基本技能的核心内容更加丰富了，但语文的核心内容及基本功能仍然未变，这始终是语文教育的基础。当今的语文知识的范畴扩大了，包括了静态的知识和动态的知识，内容涵盖陈述性知识、程序性知识和策略性知识等。当今的语文技能的范畴也扩大了，除了传统的读、写、听、说外，还应当包括思维能力、视听能力、展示能力、创造能力等。不过，这些仍属于语文知识和技能，而要获得这些知识和技能，还需要严格而科学的训练。当然，这种训练并不是既往的纯知识、纯技能的机械操练，它要与生活、语境、情境紧密结合，要重在综合、应用、探究，发展思考力和创造力，要融入语文教学的全程和各个环节，也就是说要让语文“站”起来，“活”起来。新课程背景下所倡导的学习方法、活动方式和思维方式，特别是综合性学习、探究性学习、合作性学习等，更有益于学生获得语文知识和技能，也为他们良好习惯的养成和语文素养的全面提高创造了良好条件。

其次，语文作为工具是没有阶级性的，语文教学的任务也不是专门进行思想教育，但是学生在语文课上学习和掌握语文工具，并不是孤立地读字典、词典，啃语法、修辞、逻辑知识（即使是最基础的字词知识，也不可能完全离开意念而存在），他们读的是一篇篇课文，写的是一篇篇作文。这些课文和作文不是单纯的语言文字的机械堆砌，不是用不相关的字句任意凑成的，而是语言和思想、形式和内容的统一体。学生在通过阅读范文和作文练习来学习和掌握语文工具的同时，必然会接受思想教育、精神陶冶，提高文学素养，丰富社会和自然方面的知识，这就是所谓文与道的统一，语文训练与思想教育的统一，工具性与思想性（或人文性）的统一。

同时，语言承载着人类文化，其本身也是一种文化，因此必须重视语文学科拥有的文化价值。用现代观念考察语文，从交际层面来看，它是表达与交流的工具；从体现国家意志和渗透思想道德观念来看，它是国家民族生存发展的基础；从传承、弘扬文化来看，它是积淀、传播文化的载体；从发展人的情感来看，它是文学教育、审美教育的重要组成部分（或主要分支）。正是由于语言本身也是一种文化，因此它又具有很高的人文价值，这也是语文具有民族凝聚力的根本原因。这样定位，也是为了突出母语和母语课程教材在国家民族生存发展中的重要作用，凸显其在基础教育课程教材建设中其他学科无法代替的特殊地位。在全球化、现代化、信息化的当代世界，无论哪个国家哪个民族，都必须把母语教育、母语课程教材的发展与创新，放在基础教育改革的显著地位。重视母语课程教材建设，提高作为国民素质的一个重要组成部分的语文素养，不管怎么强调也不过分。但是，思想教育、文学教育、知识教育必须寓于语文教育之中，只能在语文训练的实践过程中顺理成章地进行，绝不能把语文课上成政治课、文学课、社会自然常识课等。语文教师要始终把语文基础知识教学和语文基本能力训练作为语文教学的基本任务，促进学生在语文学习领域的终身发展。

再次，语文教学也不应当只满足于语言的认知、理解和积累，还必须重视语言的运用，也就是要强化语文训练，且以训练为中介，促进知识向能力、素养转化，实现知与行的统一。只有经过不同语境的反复的技能训练，语言运用才能达到熟练、牢固乃至巧妙的程度，才能转化成语言习惯，成为语言直觉。在实际的语文教学中，我们既要做精心的、科学有序的安排，又要注重整体把握和感知，获取教学的整体综合效应，而绝不是在教学中把内涵上已经有机地“化”入教材的各要素再肢解成“点点块块”的碎片，进行支离破碎的应试训练。

可见，洪宗礼的这些论述都是在强调：语文教师必须自觉地进行语文训练，必须在读、写、听、说等语文能力训练过程中有目的地、持之以恒地“渗透”（而不是外加）思想道德和优秀文化传统的教育，培养学生具有健康的审美情趣和正确的人生观、价值观、文化观、科学观、生命观和生态观等，从而实现教文立人的教育理想。很显然，洪宗礼的这种语文教育观深刻地揭示了语文教学的本质规律与核心价值，也是他本真化语文教学实践的总结和提炼，因而也会有益于促进语文教学的归真返本。

二、有益于确立合理的师生关系

新课程强调学生是学习的主人，要按照学生自身的能力和要求去展开教与学，鼓励自主学习和探究，以培养他们的自主人格和创新品质，为国家和民族造就自主、创新型人才。从教文立人的课程价值高度来看，这样的理念无疑是正确的，很符合时代发展、社会进步、民族复兴对人才需求的大趋势。关键是在“以学生为中心的‘建构式’教学”实践中，教师究竟该充当什么样的角色，具体又该怎样从实际出发，因学生而异，灵活高效地落实好新课标的精神。

洪宗礼一向认为，教师的“教”始终处于主导地位，离开教师的导学，单靠学生的自学也是不现实、不可能，抑或是低效的。但洪宗礼又强调，教师的“导”，要服务于学生的“学”，要服务于学生健康人格的形成和良好的个性发展，要“不断地激发学生的学习动因，开发学生的学习潜能，提高学生学习的效能”。可见，在洪宗礼那里，学生的自主学习、探究和发展，学生自主人格与创新品格的发育和形成，非但与教师的“导”不矛盾，反而离不开教师科学、艺术、高明的“导”。只有把教师的“导”高质量地落实到学生“学”的主动性、积极性和有效性上，才有可能科学、高效地实现教文立人的语文教育目标。所以，语文新课改要想处理好语文教学中“教与学”的矛盾，确保语文教学的健康、高效，就必须始终坚持教师在教学过程中的主导地位，将师生平等对话、合作探究和生生讨论、探究等都置于教师科学、睿智的“导引”之下。不仅一线教师要时刻牢记并坚守这一点，就是课标制定者、教材编写者、语文教育研究者等也都要从实际出发，实事求是地认真对待。对此，《国家中长期教育改革和发展规划纲要(2010—2020年)》也给予了高度重视,明确指出要"以学生为主体,以教师为主导",这无疑又在教育政策的层面确保了教师在新课改中的角色定位。可见,洪宗礼的相关论述对确立合理的师生关系,对语文新课改的健康深化与发展都是十分有益的。

三、有益于建构简约有序、务实有效的语文课堂

"语言"和"人文"是一体的,学生在深入品读、体验、感受课文内容、情感和精神时,也在关注、品味、揣摩、感悟着课文语言的表现力;反之,学生品味、揣摩、感悟语言时,也必须深入课文的内容、情感和精神中去。好的语言,就意味着用好的表达形式来恰到好处地凸显思想、情感、观点和精神;而好的思想、情感、观点和精神,也必须得有好的语言形式来表现和凸显。对此,洪宗礼早就明确指出:"确认语文的基础工具性质,是语文教学的基点,也是语文教学改革的根本点和出发点。只有确立了这个基点,才能客观地认识语文教学的性质、功能、目标和任务……不管语文教学的内容如何纷繁复杂,作为语言文字,它毕竟是基本工具,教师必须认识到语文教学的核心价值,努力帮助学生提高理解和运用祖国语言文字的能力,逐步养成良好的运用语文的习惯,掌握终身受用的语文工具,为将来从事工作和继续学习奠定良好的基础。"

洪宗礼反复告诫我们,必须在上好语文课的过程中自觉地、巧妙地、润物无痕地进行人文性方面的教育。洪宗礼也从不回避语文教育的时代性、社会性、民族性和政治性等,因此,语文教学也必须进行符合本时代、本国家、本民族和本阶级所倡导的主流价值观方面的"人文"教育。对此,语文教师不仅必须充分认识到位,并且还要高度自觉地担当起渗透这个"道"的使命,只是绝不能把语文课上成直接灌输、传播或探究"人文性"的纯"人文教育"课,而是要

在传授语文知识和进行语文训练的过程中顺理成章地进行。可见,中小学语文教学活动,必须把培养和提高学生的语文能力和素养作为基本任务。只要我们牢牢抓住这个本务,也就不难开发和建构简约有序、务实有效的语文课堂了。

四、有益于新课程背景下的课标制定、课程建设和教材编写

洪宗礼的教材观告诉我们:语文教材就是教学生学好和会学语文的教科书,就应该姓“语”,这是立身之本。统观他的语文教材观,可以概括为“三个坚守住”。

一是坚守住“教材姓语”。其实,就基础教育阶段而言,我们平时所谈论的“语文”,就应该特指中小学阶段的一门学科,即特指中小学生在校学好和会学语文、掌握理解和运用母语的本领所凭依的教科书。如果我们能够实事求是地认定这一事实,语文教材的本质属性也就不难理解了,即把具有典范语言内容的文本,按照有益于循序提升学生语文能力和素养的教学及训练体系编辑起来的教科书。只有这样的教材,才不至于使教师种“人文”的田,荒“语文”的地,才会使语文教师能够比较自觉地拒绝目中无人的应试化语文教学。只有教材姓“语”,并注重通盘考虑,有序安排,灵活、有机地融入语文知识教学,教师才有可能有序、有机、灵活而高效地组织好语文基础知识教学。尤其是高中语文教材的编写,更要充分吸收和借鉴洪宗礼的语文教材观,注重发掘课文中鲜活的实例,设计好适量、适度的专题训练,以使语文教师能够在课文教读过程中有机而灵活地渗透语法、修辞和逻辑教学。洪宗礼的教材观坚守住了“语文教材姓语”,确保了语文学科教学能够坚守住本务,突出语言实用性和言语技能的训练。

二是坚守住“务实有效”。所谓语文教材要务实有效,就是必须确实有利于教师教好文和学生学好文,必须能够在教师教文和

学生学文的过程中切实促进学生思维的发展、人性的提升和人格的健全与独立。洪氏语文教材十分注意设计言语实践活动，给学生提供数量足、质量高、成系统的言语实践活动情境。这就确保学生的言语训练真正步入由少而多、由简而繁、由单一而综合的必然过程，确保他们从不会到会，从生疏到熟练，养成良好习惯，形成言语技能。同时，洪氏语文教材还做到了“教文”和“立人”的有机融合。教材编写者始终把教师教会学生的“学”放在至高无上的地位，力图在教师教学生学语文的过程中灵活、有机地融入“育人”和“立人”，实实在在地发育和提升学生的人文素养；力图启动学生主体内驱力，让他们在实践进程中自我构建，形成良好的学习态度、学习方式、探索精神和思维能力等。这样的坚守，无疑会引导语文教学更合理、全面、健康、到位、高效地展开。洪宗礼也始终强调：教材要注重指导教师如何会教，如何合理、得法地教，以使教师“主导”地位和学生的“主体”地位，更符合语文教与学的实质和规律，更有益于高效地“教文立人”；要注重选文和思考训练具有典范性，通过范文和知识点的优化选择，教材内容的合理组合，以及知识的延展功能的发挥，做到举一反三，以少胜多，以简驭繁，事半功倍；要凸显教材的语文性，以教师教好语文和学生学好语文为本务，注重在教文的基础上和过程中自然、灵活、有机地渗透并强化人文教育，尽可能减少精神文化的包袱；要力求使绝大多数学校的教师都能迅速地掌握和驾驭教材，使绝大多数学生能轻松地学好用好教材，从而既大面积地提高语文教学质量，又减轻学生的课业负担。

三是坚守住“教师教和学生学都实用”。洪氏初中语文教材的知识系统编写的内容和设计力求简化、浅化、精化、优化，所有的知识点的安排都紧扣范文；范文系统编写注意选文少而精，篇幅短小，时代性强、可读性强，且每单元课文分教读、扶读和自读三类，编排体现“先教后扶再引读”；作业系统编写着眼于精编选、巧安排、细设计，除每课精编练习外，还编写了与课文配套的单元教学目标检测题，而且每课、每单元的练习都经过优选，重在培养学生运用知识的基本能力。教材中引进了教学目标，每个单元前有“单元教材支配表”，每篇课文前有学习重点提示和预习要求；引进了教法，每篇课文都有诱导式的读前、读中提示以及读后思考和练习，从初一到初三由实到虚，由详到略，由扶到放，以图让学生逐步学会“自己走路”；引进了学法，编入“阅读方法和习惯”的学法指导短文 48 篇，共计 23 个专题，还结合单元教学内容，配编了“图书箱”，有重点地介绍与课文有关的重要作家作品，并提示课外阅读整本书的方法。

这“三个坚守住”，充分体现了语文教材独特的本质属性和语文学科的核心价值，也非常符合语文学科教与学的本质规律。实践也一再证明，洪氏语文教材对守本归真、简约素朴、扎实有效地进行语文教学，实现教文立人的语文教育理想等都是十分有益的。为此，我们完全有理由认为，洪氏语文教材观及其教材编写实践等，对深化语文新课程背景下的课标制定、课程建设和教材编写等都具有返璞归真、务实提效的引领价值。

五、有益于语文教师的素养提升和专业发展

品读洪宗礼的“双引”教学法及其实践，我们不难品味出洪宗礼的教学品格、学术品格和做人品格。

洪宗礼的教学品格，概括起来说就是两个字——“真爱”，即洪宗礼对学生和语文教育事业的真爱。为了这“真爱”，他一辈子坚持搞语文教改，在高中、初中各年级进行数十次教学实验，并先后发表文章 300 余篇，出版专著 20 部(含编著)和 6 卷本的《洪宗礼文集》；更为了这“真爱”，他总结、提炼出“五说”教育观，构建了“双引”教学法，铸就了自己的语文“教育链”。他一辈子坚持“师

爱+教育爱”的“黄金法则”，热爱学生、相信学生、尊重学生、激励学生、发展学生，书写着自己的教育人生。

洪宗礼的学术品格，实质上就是一种精神，即始终不渝地积极进取，追求真理，追求创新与卓越的精神。他追求真理，始终认为，语文首先姓“语”，“语文是人们交流思想和进行思维的工具”，“确认语文的基础工具性质是语文教学的基点，也是语文教学的根本点和出发点”，“只有确立了这个基点，才能客观认识语文教学的性质、功能、目标和任务”。他始终坚持“工具性”和“人文性”是“一张皮”，坚守着语文的性质和教学的本务，必须把语文课上成真实的语文课，不能“人文泛滥”，也不要搞“放羊式”，要“把语言教育作为语文教育的基础和核心”。他始终坚守教师的“主导”地位，并反复强调“主导”和“主体”是一对矛盾统一体，只有坚持教师的“主导”地位，才有可能保证学生的“主动”不致“盲动”，保证课堂教学的效率，夯实语文能力和素养的根基。他始终追求创新与卓越，把对学生、对国家、对社会、对民族负责放在第一位，与时俱进，不断创新，力求教材的每一个环节都尽可能地人性化、民主化和个性化。他的人生座右铭是“人生应有极限，事业不会封顶”，他要求自己“意志不老，知识不老，心态不老，思维不老；成功成仁，不成功也成仁”。他认为，“事业永驻，为自己钟爱的母语教育事业奋斗到生命尽头，才是我的幸福与快乐”。

说起洪宗礼的做人品格，不妨就用朴实、踏实、厚实等词来概括。说他朴实，就是来自骨子里的实实在在、踏踏实实，就是从不装腔作势、自以为是。他心里装的只有事业，有再大的成就都不自以为了不起，都能够心平气和地淡然处之。说他踏实，因为他从一而终，一直在江苏省泰州中学任教，为语文教学、母语教育、母语教材研究竭心尽力，奋斗不息，50 年不停步，谦虚谨慎，虚怀若谷，踏实本分，求真务实。说他厚实，因为他为人真诚，待人厚诚，总是那么真心、诚心、善心、热心；总是毫不喧哗，埋头耕耘，矢志不渝，严谨科学，锲而不舍。

洪宗礼不仅具有这样的优秀品格，更拥有教育的大智慧：一是辩证的大智慧。洪宗礼对语文教学领域文与道、教与学、知与行、学与思、课内与课外、治标与治本等矛盾问题的辩证思考，无不闪耀着他朴素、辩证的智慧之光。二是师爱的大智慧。洪宗礼认为，要做人师，首要的就是目中有学生，心里爱学生，就要真心地尊重学生、关爱学生、激励学生、发展学生。他的“双引”教学法真正实现了“教文”与“立人”的统一，治标与治本的统一，教与学的统一，知与行的统一，具有宏观性、整体性、灵活性，都充分体现了洪宗礼师爱的大智慧。三是立人的大智慧。在他看来，语文教育的内涵不仅仅包括语言知识学习、听说读写能力培养，还应该包括充满诗意的美育和润物细无声的德育；不仅仅是语言的学习和训练，也是人格、人品、人性的磨砺、熏陶、发育和提升。为此，我们必须“把育人的原则渗透到语文教学的每一个环节，贯穿于语文教学的全过程”。可见，洪宗礼所建构的这种种教学模式和方法的背后都深蕴着他的教育理想——教文立人，就是在“双引”过程中激励学生、发展学生，让他们的灵魂和人格站立起来！这就是教育家洪宗礼的立人智慧，也充分体现了他那博大而崇高的教育情怀。

中国教育学会名誉会长顾明远认为，洪宗礼和他的语文教育研究是“中国语文教育改革的一面旗帜”。笔者认为，洪宗礼的品格和智慧也应该是我们每一名中国“语文人”心中的一面旗帜。如果我们每一名语文教师都能像洪宗礼那样虔诚、痴心地去教书、做学问和做人，焉能不提升教艺、思想、品格和境界？

六、有益于促进我国母语教育的国际化交流

从国际化视角来考察洪宗礼的语文“教育链”思想，笔者认为，

其实践引领价值还表现在有益于促进我国母语教育的国际化交流。

其一,语文“教育链”思想是对母语教育事业的贡献,也是对国际化母语教育事业的贡献。洪宗礼曾指出,语文教学自20世纪80年代后期开始,世界各国不约而同地进行了不同规模、不同程度、不同形式的改革,世纪之交,其规模不断扩大,全球化、现代化、信息化的世界推动传统母语课程教材改革,已是大势所趋。为此,我们必须站在反思过去、面对现实、瞻望未来的高度,从封闭、狭窄、保守的思路中解放出来,坚定地走我国母语课程教材改革的创新之路。可见,母语教育的规律是有着国际化的共通规律的,教育教学的实践者是可以相互学习和借鉴的。我们完全可以自豪地说,“洪氏语文”同样也丰富和促进了国际母语教育事业,为国际化母语教育事业作出了积极的贡献。而且,这种贡献会随着时间的向前推移,越来越凸显其重要的价值和意义。

其二,洪宗礼的母语教育国际化研究实践已经为母语教育的国际化交流做出了典范。为了给我国母语教育引入国际视野下的时代“活水”,促进母语教育的国际交流,洪宗礼曾先后与国内外109个单位的200多位学者合作研究了中国百年和当代世界40多个国家、地区的母语课程教材(含8大语系、26个语种),先后撰写母语教材研究著作16卷,凡830余万字,为我国母语教材的建设打开了一扇扇窗口,丰富了世界母语课程教材的文化长廊。这一研究实践的宗旨就在于:以开放的心态,站在母语教育国际化、全球化、现代化的制高点上登高望远,使我国的母语课程教材建设在国际视野与本土情怀统一的新起点上有突破性进展,使我国母语教育、母语课程教材建设的战略目标更加适应国际化的要求。对此,洪宗礼曾这样生动地表述:对国外母语教育和母语课程教材的经验,要有选择地“搬”,要挑真正有价值的“搬”;千万不要把“毒品”

和“洋垃圾”搬回来。他认为,“搬”是前提,为我所用是目的,以我为主是原则,鉴而用之是途径。否定民族传统的虚无主义和“拉祖配”式的封闭主义皆不足取。我们要理直气壮地“搬”,暂时搬不动的,如果真正对我有用,费尽九牛二虎之力,也要搬回来。话又说回来,要“搬”,又不能“一切照搬”,立足点还是自我发展、自主创新、自力更生、自强不息。“搬回来”的东西未必立马可用,重要的是“化”,要融化为自身的营养。这就是“搬”中有“创”。等我们也成了“造物主”之后,外国人也会把我们的“搬”过去,这就叫互动,或曰“搬来搬去”。这就是国际化的交流和互容,可以促进我国和世界母语教育共同发展。

当下,多彩的语言、多彩的文化、多彩的经济已然构成了多彩的世界,“多国一语”“一国多语”,因语言同化异化而形成的语言文化彼此渗透,已然成为世界语言发展的现实格局。在各种语言国际化交流的大背景下,笔者认为,“洪氏语文”无疑会越来越有益于促进中国母语教育的国际化交流。

当然,博大精深的“洪氏语文”对当代中国语文教育的实践引领价值肯定还远不止上述几个方面。笔者撰成此文,更为重要的意图是抛砖引玉,真诚期待更丰富、更重要、更深远的研究与发现。

品读

洪氏为师智慧与教育情怀

洪宗礼:为师为人的一座品格丰碑

许嘉璐先生曾这样评价洪宗礼:"以他这样一名小城市里的中学教师的身份,头上没有博士、教授的光环,如果没有一种超人的坚韧刻苦,如果没有长期心无旁骛的埋头实践和科学的方法,不断把自己和他人的经验、思考及时升华,如果少了包容和忍耐,或者有一点点门户之囿,就没有他现在所取得的一切。"并且,许先生还认为洪宗礼也是他的老师,是一本可供他品读、学习的大书。现在,很多人都认为,洪宗礼现象是一种奇迹,言下之意,一个普普通通的中学语文教师,竟能登上语文教育领域教学、教材和研究这三座高峰的峰巅!笔者认为,洪宗礼现象确实是很了不起的奇迹,但相对于洪宗礼一贯的品格及其50年如一日的默默奋斗而言,其实一切又都在情理之中。因为,在这奇迹之峰的下面,有洪宗礼赤诚、自强、勤奋、坚韧、宽厚的品格在为之奠基。洪宗礼一辈子用"真爱""进取"和"秉实"铸就了一座品格丰碑。下面,我们就一道走近这座丰碑,去领略他的教学品格、学术品格和做人品格。

一、洪宗礼的教学品格——真爱

谈起洪宗礼的教学品格，有一个关键词不能少，那就是“真爱”。“真”里融着“爱”，“爱”里透着“真”，这个“真爱”，洪宗礼坚守了一辈子！这个“真爱”，他都慷慨无私、毫无保留地奉献给他的课堂、他的学生和他的语文教学事业！为了这个“真爱”，洪宗礼早就给自己定下“情操高、教风实、教艺精、知识博、基本功硬”的16字奋斗目标，并在一所学校的三尺讲台上默默坚守，辛勤耕耘和修炼了近40年（不包括其后十多年的母语教材研究）；为了这个“真爱”，他坚持搞语文教改，在高中、初中各年级进行数十次教学实验，并先后在《人民日报》《人民教育》《中学语文教学》等报刊上发表文章300余篇，出版了《语文教学之链》《写作与辩证思维》等专著20部（含编著）和6卷本的《洪宗礼文集》；为了这“真爱”，他总结、提炼出“五说”教育观和“双引”教学法，铸就了自己的语文“教育链”；为了这“真爱”，他一直坚持“师爱+教育爱”的“黄金法则”，热爱学生、相信学生、尊重学生、激励学生、发展学生，书写着自己的教育人生。

为了能在课堂上最大限度地调动学生的积极性和主动性，也为了学生能在课堂上主动地、高效地学；为了学生能由学会到会学，能养成习惯、形成能力和素养，也为了学生能课内自主学习，课外自主发展，学文立人，他用真爱、虔诚和心血精心建构自己的语文“双引”教学系统。其中，有“引读”的“五个目标”以及扶读法、设境法、提示法等23种引读法，还有“引写”之法以及“阶步训练”“读写思同步发展”“从读练文”“自主作文”四种引写模式。他的语文“双引”教学系统，是他语文教学与研究的实践、经验、智慧的结晶，凝聚着他对学生、对课堂、对教学的真爱。现在，每当我们小心地翻开洪宗礼的相关文集，都能感受得到那字里行间滚烫的真爱和怦怦的心跳。

为了呵护学生的自尊心，鼓励他找回那因紧张而跑掉的思维火花，洪宗礼会满面春风地等待学生60秒，让学生重新拾回自己的尊严与幸福。为了能够使学生发自灵魂、深刻而真实地感受到课文《一双手》的主人公张迎善的那双大手，洪宗礼就拿来了半截松木，通过让学生直接感受老松木的特征——粗、老、硬、干、大、厚、色深，来间接感受劳动者的大手——表面上丑，实质上美。为了让学生更直接地体验、感受到张迎善那双大手的大和厚，洪宗礼还让学生用尺子量自己手掌的长、宽、厚，使课文中的那个不太感性的“大”字顿时鲜活、丰满起来。这类事情，洪宗礼做得那么乐意，那么自然，那么真诚，一点都不做作、矫情！这就是洪宗礼的教学品格，这就是洪宗礼的真爱学生、真爱课堂、真爱语文教学，这就是洪宗礼的尊重学生、导引学生、激励学生、铸魂立人，这也是他在用真爱对学生、国家和民族的美好未来负责！

写到这里，笔者不禁思潮滚涌：当我们把语文教学仅仅视为谋生手段时，当我们心里鼓胀着金钱和物欲时，当我们在浮躁的世风下做一天和尚撞一天钟时，当我们以“爱”的名义急功近利地大搞残忍的应试训练时，当我们故步自封、不思进取、目中无人地死填硬灌时，当我们打着新课改的旗号搞放羊式的自主合作探究时，我们有没有想到洪宗礼这个名字，想到他的真爱学生、真爱课堂、真爱语文教学，想到他那以真爱为灵魂的教学品格？我们的语文教学似乎从来就没停止过以“出名”为宗旨的“标新立异”，也似乎从来就没中断过以教师为中心的“替代加主宰”。我们所真正缺少的就是以真爱为灵魂的教学品质，以学生立人、发展和幸福为宗旨的真爱教育。当然，我们更缺少的是在这种“真爱”支撑下的虔诚、守本、务实、立人的语文教学实践。洪宗礼做到了，做好了。所以，笔者要说,洪宗礼的教学品格是纯正、崇高、伟大的。同时,笔者也要提醒一句,在语文新课改的背景下,洪宗礼的这种教学品格绝不该孤独落寞,后继乏人!

二、洪宗礼的学术品格——进取

谈起洪宗礼的学术品格,同样有一个非常重要的关键词——“进取”。何以言之?笔者认为,他始终不渝地在积极进取,在追求真理,追求创新与卓越。说他追求真理,这一点在他的“五说”教育观中表现得尤为突出。首先,表现在他追求真理,坚守语文的性质和教学的本务上。尽管他对语文性质的理解也随着自己对真理的不断探求而发生着变化,但他始终坚持“工具性”和“人文性”是辩证的统一体。近些年来,人文教育之风刮得很强劲、很浮躁。不少人都随风转了舵,而洪宗礼却从一(指语文姓“语”)而终,从未动摇、改变过自己的学术立场。2004 年 8 月,在调查了苏教版国标本语文教科书实验区的实验情况之后,他就曾撰文明确指出了教材使用应避免的十个误区,明确反对一概不提阅读要求,不做必要的指点和预习,合成必须精讲的课文搞所谓的专题探究,把语文课上成无休止的讨论课,忽视甚至放弃基础训练,盲目地搞多元解读等浮躁的教学行为。其次,表现在坚持教师的“主导”地位上。近些年,面对非理性地抬高学生主体地位的一些激进的、绝对化的提法和做法,洪宗礼始终坚持他的“导学说”,始终坚守着教师的主导地位。他反复强调,“主导”和“主体”是一对矛盾统一体,只有坚持教师的“主导”地位,才有可能保证学生的“主动”不致“盲动”,保证课堂教学的效率,夯实语文能力和素养的根基;也只有艺术、灵活、民主的“主导”,才能保证“主导”不致“主宰”,不致包代学生的独立思考和自主探究,束缚学生的主动性和创造力等。在这些问题上，洪宗礼从不因时势而改变立场，非但不改变，反而更加坚定地追求真理，坚守自己的正确立场，足见洪宗礼求真务实、不断追求真理的学术品格。

说洪宗礼追求创新与卓越，主要体现在他的教材编写和研究上。洪宗礼主编的教材始终把对学生、对国家、对社会、对民族负责放在第一位，与时俱进，不断创新，力求教材的每一个环节都尽可能地人性化、民主化和个性化。从 1983 年起，他积极探索语文教材新体系，精益求精地主编了三套经国家审定通过的初中语文教材，被列入国家教材目录，推荐各地选用。该教材读、写、思三者兼顾，体例科学完整，且追求卓越，不断创新，深受一线广大师生欢迎。最新的一套国家课程标准实验教材的实验面覆盖了 26 个省（市、自治区）的 600 多个县（市、区），使用的学生有近千万人。2004 年春天教育部组织 38 种教材调研，“洪氏教材”在三种语文教材中被排在前面，国家教材评价组的 38 项指标，洪宗礼主编的教材每一项指标都得了第一。洪宗礼曾讲，教材是“科学文化的载体，精神文明的结晶，国家意志的体现，培育后代的依据”，是“为学生终身发展而编写的”，要“教学生学会做人、做事、合作、求知，独具审美眼光，净化、纯洁情感世界”，所以，教材编写者“要有对后代高度负责的精神，有战略家高瞻远瞩的眼光”，还必须“精编、精研、精改”，要有“严格、严肃、严谨的科学态度”，不断追求创新与卓越，把教材编成“一流的卓越的‘特殊精神产品’”。

也是因为这种不断进取、追求创新与卓越的学术品格，洪宗礼为自己选定了这样的座右铭：“人生应有极限，事业不会封顶。”他希望自己就做一盏壁灯，位置不动，永远发光。所以，洪宗礼选择了积极进取，追求创新和卓越，永不自满。虽然自己在教科研和教材编写等领域已成就卓著，人也已 60 多岁了，但他还是毅然决然地选择了另一座高峰——母语教材研究，这一奋斗又是十余年。从 20 世纪 90 年代起，他先后主持了国家教育科学规划“九五”“十五”重点课题“中外母语教材比较研究”，从古今比较、中外比较的双重维度，纵观历史，立足现实，放眼世界，努力探索适合我国国情的语文教育改革之路。这项研究纵贯中国 110 年、横联 45 个国家和地区，集合了国内外数十所高校、科研院所的 200 多位专家教授，以“立诚”“忘我”“唯实”“团结”的精神，完成了 10 卷本的《母语教材研究》皇皇巨著。有人曾问洪宗礼：“您已年逾古稀，取得了如此辉煌的成就，也可以说为语文教学殚精竭虑了，是不是该考虑休息休息，颐养天年了？”洪宗礼平静地答道：“事业永驻，为自己钟爱的母语教育事业奋斗到生命尽头，才是我的幸福与快乐。”这就是洪宗礼的学术品格，这也是他学术品格的魅力所在！

现在，洪宗礼已年届耄耋，却仍壮心不已，意气豪迈，积极进取，追求创新和卓越，“事业不封顶”，“成功成仁，不成功也成仁”。作为语文教育事业的接班人，作为新课改的主力军，我们到底该对此做何感想呢？笔者的感想是，珠穆朗玛峰是世界第一高峰，是因为有青藏高原在奠基。可是，我们的“青藏高原”在哪里？我们又该怎样去夯实自己的“青藏高原”？洪宗礼的学术品格里一定会有个谜底。

三、洪宗礼的做人品格——秉实

说起洪宗礼的做人品格，笔者认为，用“秉实”这个词来概括很准确。用这个“实”字来组词，可以组很多，如平实、朴实、扎实、踏实、老实、厚实等。凡了解洪宗礼为人的，都不难发现，这些词似乎都与洪宗礼的做人品格有着密切的联系，或者说其中的任何一个词都可以从某个维度准确地解读洪宗礼的做人品格。

先谈洪宗礼的平实和朴实。许嘉璐曾这样描述:“初见洪老师,一时真难把一系列具有开创性、对我国语文教育改革起了重要作用的研究成果和面前这位朴朴实实、丝毫没有某些专家惯有的那种做派的老头联系起来。”笔者认为,这样的表述再精彩、恰当不过了。说到这,笔者又想到了一位大家,即大名鼎鼎的“杂交水稻之父”袁隆平。袁先生为世界的粮食安全作出了杰出的贡献,然而,在一些当代青年人的眼里,他不过是“一位正在田间劳作的农民老大爷”。笔者无意责备个别青年人如何无知,只想强调一点,伟大与平凡,在一些大家的身上,其实是可以完美地结合在一起的。这些大家,骨子里就是实实在在、踏踏实实,就是从不装腔作势、自以为是。他们的心里装的只有事业,有再大的成就都不自以为了不起,都能够心平气和地淡然处之。这就叫作平凡的伟大、伟大的平凡。洪宗礼就是一位这样的大家!

再说洪宗礼的扎实和踏实。1960 年,洪宗礼毕业于扬州师范学院文史科,而后从一而终,一直在江苏省泰州中学任教,为语文教学、母语教育、母语教材研究竭心尽力,奋斗不息,50 年不停步!这半个世纪的漫长岁月里,他由一名普通中学语文教师成长为一位令人景仰的著名语文教育家。前 20 年,他致力于语文教学实践;后 30 年,他致力于语文教材编写;最近 10 多年,他致力于中外母语课程教材的比较研究。每个阶段,每个领域,他的钻研都不是肤浅的,而是实在、深入、成就卓著的。试想,若没有一种脚踏实地、甘于寂寞、从容淡定、宠辱偕忘的精神,他是不可能坚持住的,也更不可能一步步画出一条由“教学实验—教材编写—理论研究”构成的辉煌、独特的人生轨迹。试想,洪宗礼率领他的团队,精益求精地编写过三套洪氏语文教材,拿下 10 卷本 200 多万字的《母语教材研究》,这要搜集多少资料,读多少书,沟通、探讨过多少次,熬过多少个不眠之夜啊！今天，我们搞教育科研的，似乎都无法回避这样一些现实："论文"和"课题"满天飞舞，层出不穷，只种不收；"名家"和"成果"鱼龙混杂，异彩纷呈，招摇惑众；科研成了快餐食品的生产线，"早出成果，快出成果，做大做强"口号震天响，巴不得一夜间举世瞩目。这样的事、这样的人，面对洪宗礼的扎实和踏实，是否该深刻反思和领悟到一些什么呢？

最后说洪宗礼的老实和厚实。这个老实，笔者认为，该指洪宗礼谦虚谨慎、虚怀若谷、踏实本分、求真务实。说厚实，笔者认为，该指他为人真诚，待人厚诚，总是那么真心、诚心、善心、热心。教育部基础教育课程教材发展中心主任曾讲："洪宗礼作为一位普通的中学教师，执教语文，研究语文，编写教材，历经五十春秋。他毫不喧哗，埋头耕耘，从一而终，矢志不渝。洪宗礼严谨、科学、锲而不舍的研究精神，以及广纳百川、虚怀若谷的学者风范应为我们做人做事的楷模。"说得多好啊！我们不难想象，一个普通的中学语文教师，能够与那么多名师合作，精益求精地倾力打造三套洪氏语文教材，联合国内外数十所高校、科研院所的200多位专家教授成就10卷本200多万字的《母语教材研究》，为人处世不真诚、不厚诚，能做得到吗？洪宗礼就曾亲自嘱告过笔者："实实在在地做自己的学问，搞自己的研究，发表自己的观点，千万不要讲'过头话'。讲'过头话'可以一时万人瞩目，哗众取宠，一鸣惊人，但是，大多不会长久立足的。你们研究我可以，因为研究中可以相互交流切磋，积累经验和智慧，但必须实事求是，不要虚夸，更不要借抬高我来贬低别人。其实，像于漪、钱梦龙等语文教育大家，都是很值得我们敬仰、学习和研究的。"话语虽不多，但句句透着真诚和厚诚，洪宗礼的做人品格可见一斑。我们都是为人师之人，闻洪宗礼此言，不可不深以为然，终身为鉴啊！

今日的为师者，难免会有囊中羞涩的尴尬，学生难教的烦恼，应试教育的苦怨，素质教育的迷惘，自我提升的困惑……但不管我们有什么样、有多少种甘于平庸下去的理由，一旦走近洪宗礼这座品格丰碑，我们就会肃然起敬地振作起来。因为，我们都是为人师之人，成千上万的家庭已经把孩子交到了我们的手上，国家和民族也同时把希望和未来交到了我们手上！洪宗礼为我们做了杰出的榜样，所以，仰望着这座丰碑，我们仅是选择赞叹奇迹还远远不够，更应该坚定不移地选择景仰、传承和弘扬。果真如此，那该是语文的大幸，学生的大幸，母语教育的大幸，国家和民族的大幸！

若真“教文”，必真“立人”

洪宗礼语文“教育链”思想的理论支柱是他的“五说”教育观，而这一思想在教学实践中的体现和升华又形成了他的“双引”教学法，引导是语文“教育链”的一个节点，是“链”的核心内容。品读他的“五说”观和“双引”法，尤其是实践他的种种“引读”“引写”之法，笔者更是深切地感到：若真“教文”，必真“立人”。下面，笔者就此谈几点体会和认识。

一、语言和思想统一，旨在揭示语文教学“教文立人”的本质

洪宗礼一直都在强调：语文是语言和思想的统一。他认为，这是语文的基本功能，但若从语文课程教材内容构成来考察和分析，则又包含语文知识技能，文学作品、文化科技著作、各类应用文章的阅读，以及各种语文活动设计，涉及人与自然、人与社会、人与文化、人与自身等许多方面。他还特别强调：“语文教学包含多元目标、复杂的内容……语文学科必然同时具有工具性和思想性。思

想必须也只有借助语言文字才能表达，语言文字离开了思想也便成了空壳，因而语文课既具有工具性又具有思想性是应有之义，而工具性与思想性的统一则如一块硬币的两面，工具性与思想性是对立的统一，它们始终附在‘一张皮’上。”我们不妨依据洪宗礼的表述打个比方：假若语言是一辆汽车，那么车所承载的东西就应该是人类思想的结晶体——通常所说的文化。所以说，语文（这里仅指中小学语文教材）就应该是语言和思想的统一，这也是马克思主义语言学的基本原理，即“语言是思想的直接现实”。有了这样的基本认识，我们就不难解决语文教学的本质问题，那就是教学生学语言的同时，绝不可能与一篇篇课文的思想情感割裂开来学，势必先要披文入情入理，在深入体验、感受、思辨课文所蕴含的思想情感的过程中和基础上再来品悟语言艺术。在学生主动“披入—感受和思辨—再品悟”这一过程中，他们的情感和人性随即也获得了陶冶和升华。而“披入—感受和思辨—再品悟”这一过程是循环渐进式的，就在循环渐进的过程中，学生的人性和人格势必会得到良好的发育和提升。所以，笔者认为，洪宗礼一直强调语文是语言和思想的统一，实质上就是在告诫我们：语文教学的本质就是“教文立人”。这是由语文的天性所决定的，是不以任何人的主观意志为转移的。工具和人文、教文和立人的统一，绝不是我们哪个人有意为之的，而是本来就应该这样做且又能做好的。也正是基于这样的思想认识，洪宗礼的“五说”观和“双引”法才得以根深干直，枝繁叶茂，花盛果丰。

二、教本亦即学本，旨在引导学生灵魂站立着积极介入

教材历来是教学之本。要提高教学效益，就必须抓住教材建设这个根本，运用教科书来制约和引导教学。但洪宗礼认为，教科书既是教本，也是学本。他强调语文学习更重要的是学习过

程，是在学习过程中形成的价值观念、情感态度、思维能力、探索精神和学习方式，是在综合性学习活动中逐步掌握的语文规律。所以，在洪宗礼那里，教材就是“帮助学生自主学习之本”“引导学生学会学习之本”“促进学生创造性学习之本”，就是引领学生进行探究学习、独立思考的“路标”，就是促进学生自主发展、自我构建的“催化剂”。洪宗礼曾反复强调，引读引写，要放手，又不能撒手。要放，必先扶，扶又不可忘记放，扶也是为了放。教师既要放手让学生独立阅读写作，又要通过必要的指导，给学生的阅读与写作以适当的扶持。“引”不排斥和回避“讲”，“讲”也是为了更好地“引”，甚至“讲”本身就是一种“引”，关键要看怎样讲，讲什么，讲多少。他认为，“双引”的教学艺术，核心就是个“活”字。教师就是要善于根据读写训练的目标要求、教材的具体内容，针对不同教学对象的身心发展规律、认知水平、个性特点、思维类型、智力水平、知识基础以及学习习惯，灵活地运用恰当的教学方法，导引学生灵魂站立着学习、思辨和探究。正是基于这些认识，洪宗礼的课堂教学一向鼓励积极介入，主动体验和感受，深入思考和感悟。

例如，教读《孔乙己》中的那个“排”字，一般教师往往轻描淡写地一带而过，甚至根本就读不出这个字的真味。洪宗礼却不肯放过这个“排”字，而且引导学生积极介入，到讲台来做一做“排”的动作。一而再，再而三，洪宗礼耐心启发和引导，学生一步步加深体验和感受，最后终于真正走进了孔乙己的内心世界——自命清高、迂腐酸臭。学生体验和感受到位了，表演也就成功了。洪宗礼的课堂，总是这样设法引导学生积极、主动地介入，充满了生命的活力，既教活了语文，更立起了学生的灵魂，绝对胜过教师千言万语的讲析。

三、引读和引写之法，旨在教学生独立自主地学好语文

洪宗礼一贯认为，尽管课本有教本、学本、读本多种功能，但无论哪种功能，既需要学生的主动学习，更需要教师的积极引导。如果学生不能主动地“学”，教师不善于积极地“导”，其效果必然微乎其微。成熟的语文教师，往往都能引导学生自己去学会用教科书学，把教本转化为读本、学本。为了变“教本”为“读本”和“学本”，洪宗礼确立了“引读”和“引写”的基本思路。概括地讲，就是引导学生重点读、主动读、深入读、经常读、独立读；引导学生重视观察生活，观察自然，观察社会，自己到生活中完成知识和语言的积累，打开“想”这个总开关，发挥无穷的思考力，独立思考并说真话、记真事、抒真情、做真人。

在几十年的“双引”教学实践中，洪宗礼总结、提炼出来的二十多种引读法和十种引写法，凝结着他的心血，更凝结着他“教文立人”的智慧。如，圈点法引导学生读书动笔，一边读书，一边思考，一边将读书、思考获得的认识用勾画圈点的方法标记出来；提要法引导学生先看清总体思路，细读片段，再看清局部思路，进而思考，理清全篇与局部的关系；自读法引导学生读书要在书本的字里行间圈点勾画，在文旁、文后或笔记本上写下感想、体会或评论；置疑法引导学生从无疑处生疑，帮助学生在阅读中揭疑，在揭疑中深入阅读、分析课文，向深处开掘；反刍法引导学生初读课文之后，在教师导引下反复比较、品味、辨析、揣摩文章的深意和作者遣词造句的苦心；反三法引导学生在“反三”中类比、分析、归纳、综合、判断、取舍，不断提高阅读的思维能力，尤其是培养创造性地阅读与思维的能力；比勘法引导学生借助一组课文，共同讨论，归纳了几种参读法，如求同参读法、辨异参读法、资料参读法、印证参读法、演绎参读法等；小结法引导学生归纳梳理，自读自结，掌握独立阅读文

章、解析文本内容、鉴赏文艺作品的基本方法和技能；探究法引导学生自己认真读书、思考和探究，探究出属于自己的独特的感悟；求异法引导学生在阅读历程中求新颖、求独立、求相悖，见他人所不能见，思他人所不能思，言他人所不能言。统观这种种“引读”和“引写”之法，我们不难得出这样的结论：这些法不仅指向怎样教学生会读会写，更指向培养站立着的整个的人。

四、想是一个总开关，旨在充分发掘学生独立思维的潜能

洪宗礼常讲：“想，是一个总开关。”在他看来，一个班级几十名学生，思维能力参差，个性特点各异，心理状态不一。然而，他们的内心深处都蕴藏着充足的思维潜能。教师是学生心理奥秘的探索者和发现者，又是学生思维潜能的辛勤开发者。每一位成熟的具有创造艺术的语文教师，都会考虑充分融会课本内容，把握学习目标，运用自己的教学艺术，在读写听说训练中，最大限度地调动学生思维的积极性，把学生引进“积极思考的王国”。教师应当在有限的时间和空间里，运用自己活用教科书的教学艺术，去发展学生无限的思考力。教法的关键是个“活”字，要研究活教、教活课本的艺术。如果我们能把教科书编活、教活，让学生学活，就必然能点燃学生创造性思维的火花。

洪宗礼这样思想着，更一向这样践行着。前述他教鲁迅小说《祝福》的课例，就是这样启发、引导学生的——或激发，或启发，或点拨，与学生平等交流，妙引学生主动、层进、辩证、对比、发散、创造地思考。这是他课堂教读的常态，更是他一辈子不懈的追求！课堂上，他总是想方设法地激活学生的思维，最大限度地调动和发掘他们的思维潜能，使其逐渐进入兴味盎然的思辨佳境，同时在思维的准确性、深刻性、辩证性和批判性等方面得到极为有效的锻炼。

五、循序训练和积累，旨在于语文历练中磨砺人性和品格

洪氏语文教材的结构体系就是：一本书、一串珠、一条线。这套教材具有整体性、开放性、基础性、诱导性、系列性、实用性等特点，建立了具有整体综合语文教学效应的语文教材的编排体系，设计了比较完备的助读系统，利教便学，同时也比较全面地体现了义务教育初中语文课程标准的各项要求。最为可贵的是，这套教材能够保证学生在教师的引导下长期坚持循序的语文训练和积累，使他们在语文能力和素养循序提升的同时，也在这种历练中磨砺了他们的人性和品格，并日久天长地使其获得良好发育。我们完全可以这样讲，这套教材既是一个较合理的教文和学文体系，又是一个较完善的育人和立人体系。

总之，“教文”的必是“立人”的，若真“教文”必真“立人”，两者是有机相融的统一体。不“立人”的真“教文”是荒谬的，不“教文”的真“立人”更是根本站不住脚的。只有在“教文”的过程中或前提下有机无痕地融入“立人”，才是语文教学的根本出路和归宿，才有可能真正实现我们广大“语文人”的终极教学理想。如果我们真的想实现“教文立人”这个美好理想，那么用心品读洪宗礼，踏实研究、实践和发展他的“双引”教学法，就该是一条很好的出路。

后 记

这本书就要付梓了。说实在话,我的心还真平静不下来,感觉似乎还有好多话要说,但又一时不知该说些什么,该从何说起。

五年前,我就想出版这本书了。当时,我还是"江苏省人民教育家培养工程"的一名学员,于是就拜请江苏省人民教育家培养对象的两位导师——省教科院副院长杨九俊先生和省教科所原所长成尚荣先生分别题词。但我考虑到当时主持的江苏省"十二五"规划重点课题"'洪氏语文'对中学语文教学的归真导引价值研究"还没结题(2016 年 11 月结题),还有几篇更具分量的核心论文没正式发表,于是就暂时搁浅了这个计划。后来,我校又承担了省基础教育前瞻性教学改革实验项目"洪宗礼中学语文教学整体改革思想推广",该项目的实践研究周期为两年(2016 年至 2018 年),故继续推迟了该书的出版时间,以作为该项目的一个成果呈现出来。现在,在学校领导的关心和帮助下,这本书作为这个项目的一个成果即将出版,这的确是一件令人特别欣慰的事。

接下来,再说说我与洪先生吧。早在 20 世纪 90 年代中期,我有幸接触到了洪先生的《洪宗礼语文教学论集》。21 世纪初期,我又接触到了湖北大学潘纪平教授主编的《洪宗礼:语文教育之"链"》。通过认真学习和领悟,当时我就认定洪先生的"教育链"思想和"双引"教学法揭示了语文教学的本质与规律,而且具有很高的引领价值和极强的操作性。尤其是洪先生后来总结的“五说”语文教育观,更是很好地继承和发扬了传统语文教学的精髓,对新课程背景下语文课改有着十分重要的导向性价值。从那时起,我就成了一名铁杆“洪粉”,尽管那时我还远在四川省资阳市,还仅仅是一名普通的高中语文教师。

现在,我已经在江苏省泰州中学工作11个年头了(2008年7月作为高层次优秀人才被引进该校)。这是一所百年名校,是宋代大教育家胡瑗讲学旧址“安定书院”的所在地,也是“洪氏语文”的诞生地,是洪先生奋斗了一生的地方,更是我这个铁杆“洪粉”早就心驰神往之所。在这里,洪先生悉心地指导和帮助过我:2012年,我被洪先生聘为江苏母语课程教材研究所副所长,晋为中学正高级教师,成为“江苏省人民教育家培养工程”培养对象;2013年,我开始主持江苏省“十二五”规划重点课题“‘洪氏语文’对中学语文教学的归真导引价值研究”,参编由成尚荣、倪文锦主编,高等教育出版社出版的《洪氏语文》,我的生活化语文教学实践研究成果《生活化语文教学范式的研究》荣获江苏省教学成果奖二等奖;2014年,与洪先生一道荣获国家教学成果奖一等奖(忝列核心成员第二名);2015年,完成了生活化语文教学体系建构与实践推广必备用书(全三册)的主编和出版发行工作;2016年,我的专著《一化六教:生活化语文课堂教学基本范式》荣获江苏省教育科学研究成果奖二等奖,我主持的“‘洪氏语文’对中学语文教学的归真导引价值研究”成功结题;2017年,我的专著《生活化语文教育场》出版,荣获江苏省教学成果奖一等奖;2018年,我主持的实践研究成果《建构“生活化语文教育场”》荣获国家级教学成果奖二等奖;2019年至今,我正与团队成员一道进行着基于生活化理念的国家课程校本化整合与拓展实践研究……

20多年来,我的生活化语文教学实践研究一点点走向比较成熟,现在已建构成了“生活化语文教育场”,并正行进在基于生活化理念的国家课程校本化整合与拓展实践研究的新征途上。这一步步的迈进、一点点的进步，无不直接或间接地承蒙洪先生的关心、指导和帮助。我认为，我这辈子想做好的只有生活化语文教学实践研究这一件事，而在这当中，我的精神支柱就是洪宗礼！

再说说这本书吧。这本书共分品读洪氏语文"教育链"、品读洪氏"五说"教育观、品读洪氏"双引"教学法、品读洪氏"三一"教材观、品读洪氏语文课堂教学、品读"洪氏语文"的归真引领价值、品读洪氏为师智慧与教育情怀七个板块，收录了我近年来发表的15篇论文和10篇课例研究文章。用徐林祥教授的话来讲就是：内容上既涵盖了洪宗礼及其语文教育思想的方方面面，又有对"洪氏语文"微观的讨论、教例的点评等；结构上散则独立成篇，篇旨明确，都由一篇篇已发表的论文构成，合则互补成编，各不重复，写作之初就作了通盘的考虑、周严的安排、精心的设计。当然，由于本人才疏学浅，故这本书中的一些文章难免还会有疏漏、缺憾和不足，还望能够得到同道和专家们的批评与指正。我真诚地希望，在未来学习和践行洪宗礼语文教育思想的日子里，这本书真的能够起到一种抛砖引玉的作用。假若真的能够这样，我也就心满意足了。

最后，我想表达几层谢意：一者，衷心感谢令人崇敬的洪宗礼先生，没有您一直以来的关心、指导和热诚帮助，就不会诞生这本书，也不会有我的"生活化语文教育场"；二者，感谢尊敬的学校领导（特别是原校长董健先生），没有你们的诚挚关心和大力支持，就不会顺利出版这本书；三者，感谢上海教育出版社的各位朋友，没有你们的热情支持和辛勤付出，这本书就不会顺利出版并发行。

董旭午

2019年12月

图书在版编目（CIP）数据

品读洪宗礼 / 董旭午著. — 上海:上海教育出版社, 2020.4
ISBN 978-7-5444-9852-4

Ⅰ. ①品… Ⅱ. ①董… Ⅲ. ①中学语文课 - 教学研究 - 文集
Ⅳ. ①G633.302-53

中国版本图书馆CIP数据核字(2020)第045997号

责任编辑　汪海清
封面设计　陈　芸

品读洪宗礼
董旭午　著

出版发行　上海教育出版社有限公司
官　　网　www.seph.com.cn
地　　址　上海市永福路123号
邮　　编　200031
印　　刷　启东市人民印刷有限公司
开　　本　890 × 1240　1/32　印张 7.5
字　　数　182 千字
版　　次　2020年4月第1版
印　　次　2020年4月第1次印刷
书　　号　ISBN 978-7-5444-9852-4/G·8123
定　　价　40.00 元

如发现质量问题，读者可向本社调换　电话：021-64377165